学思语言学丛书

简明对外汉语教学法
JIANMING DUIWAI HANYU JIAOXUEFA

张新明 著

学林出版社

图书在版编目(CIP)数据

简明对外汉语教学法/张新明著. —上海：学林出版社,2012.8
ISBN 978-7-5486-0372-6

I.①简… Ⅱ.①张… Ⅲ.①对外汉语教学—教学法 Ⅳ.①H195.3

中国版本图书馆 CIP 数据核字(2012)第 149626 号

简明对外汉语教学法

著　　者——张新明
责任编辑——吴耀根
封面设计——周剑峰

出　　版——上海世纪出版股份有限公司　学林出版社
　　　　　　地址：上海钦州南路81号　　电话/传真：64515005
发　　行——中国图书进出口上海公司
　　　　　　地址：上海市广中路88号　　电话：36357888
排　　版——南京展望文化发展有限公司
字　　数——23万
书　　号——ISBN 978-7-5486-0372-6/H·28

(如发生印刷、装订质量问题，读者可向工厂调换。)

上海市普通高校人文社会科学重点研究基地应用语言学研究所(SJ0705)资助成果

上海师范大学研究生课程建设项目资助(编号：F0559)

总　　序

这套丛书的作者都长期从事现代汉语语法的教学和研究。笃学深思,各有所得。丛书涉及的范围很广,从整体上看,重点在于通过语法结构的分析,达到深入理解语句的目的。

通常认为句子属于三维结构,即包括句法、语义和语用。三者的关系怎样,向来有不同的看法。丛书作者以句法为基点,从而阐述语义和语用,这符合认知的规律。表达汉语句法结构的要素,一般认定是语序和虚词。其实,在语言分析的实践中,许多学者已经扩大了形式要素的范围,以"标记"代替虚词。虚词当然是重要的标记,但标记不限于虚词,从书中可以找到这方面的实证。顺便说一句,我以为汉语的句法形式的要素,除了语序与标记之外,还有"节律"。例如单双音节的搭配常影响结构关系。

从认知的角度考虑思维活动,历来都关注从感性到理性的过程。其实,高级思维活动还有一个重要的环节,那就是"悟性"。简单地说,从感性到理性是从具体到抽象,这是思想上的一次升华。从理性到悟性,是从抽象到具体,不过,这里的具体不是前边那个具体的回归,它们的范围并不相同。可以认为,这是思想上另一次升华。丛书中论述"量"和"空间"等问题体现了这种观点。

目前的语法研究,目标集中在规范化和现代化。语言现代化的内容很广泛,机器翻译和人机对话是主要内容之一。在这方面有许多问题亟待解决。丛书作者在信息处理方面,在短语的规范化方面都作出了有益的探索,正适应了当前的需要。

丛书的选题,有些是很少有人讨论过的,给人以新的领会。有些选题是多次见于论著的,作者提出新的见解,能给人以启迪。不同的选题之间有很多互补的地方,这大概也是构成丛书的依据吧。

张　斌

前　　言

《简明对外汉语教学法》是一本教材，使用对象主要为普通高等院校"语言学及应用语言学专业"及"汉语国际教育专业"的硕士研究生。此外，也可以用于对外汉语专业本科生教学，或各类对外汉语教师培训。

实际上，有关对外汉语教学法理论、原则，以及具体教法、技巧等方面的书籍已出版了许多种，相关的研究论文更是层见叠出，不可悉数。因此，本教材仅是在采撷以往研究成果精粹的基础上编写而成的，同时也融入了笔者二十多年来从事对外汉语教学工作的一些实践经验。

教材力求贯彻"求简明、重实战、易操作"的实用性编写方针，以及通俗易懂、深入浅出的编写原则，概述对外汉语教学法基本知识及课堂教学特点等内容，简介汉语语音、词汇、语法、汉字，以及汉语阅读、听力、口语、写作的教学方法和技巧，并通过具体的举例说明或教案实例来进行说明。因此，本教材并不过多地涉及对外汉语教学法理论方面的阐述，而是重在应用性，旨在使读者能初步了解对外汉语教学法方面的一些基础性知识，并掌握对外汉语教学的一些基本要领、思路和技能。

本教材为"上海市普通高校人文社会科学重点研究基地'应用语言学研究所'"（编号：SJ0705）资助出版的"学思语言学丛书"之一，并由中国著名语言学家张斌先生为丛书作序。在教材编写与出版的过程中，得到了上海师范大学对外汉语学院领导的大力支持和经费资助，以及上海师范大学研究生课程建设项目（编号：F0559）的资助。学林出版社的吴耀根先生在编辑和出版此教材时，更是做了大量具体而细致的工作，付出了辛勤的劳动。在此，一并谨致最诚挚的谢意！

编者
2012 年 5 月

目 录

第一章 对外汉语教学法概述 ………………………………………………… 1
  第一节 对外汉语教学法的定义及研究内容 ………………………… 1
    一、对外汉语教学法的定义 ……………………………………… 1
    二、对外汉语教学法的研究内容 ………………………………… 2
  第二节 第二语言教学法与对外汉语教学法 ………………………… 4
    一、第二语言教学法主要流派简介 ……………………………… 4
    二、第二语言教学法的理论基础 ………………………………… 18
    三、第二语言教学法在对外汉语教学中的应用 ………………… 21
第二章 对外汉语课堂教学的特点 …………………………………………… 23
  第一节 学生的特点及其学习难点 …………………………………… 23
    一、学生的特点 …………………………………………………… 23
    二、学生学习的难点 ……………………………………………… 25
  第二节 教学的类型与阶段 …………………………………………… 26
    一、教学类型 ……………………………………………………… 26
    二、教学阶段 ……………………………………………………… 27
  第三节 教学的内容与课型 …………………………………………… 29
    一、教学内容 ……………………………………………………… 29
    二、课型设置 ……………………………………………………… 30
  第四节 教学的任务与原则 …………………………………………… 31
    一、教学任务 ……………………………………………………… 31
    二、教学原则 ……………………………………………………… 35
第三章 对外汉语课堂教学的设计 …………………………………………… 37
  第一节 教学计划的制订 ……………………………………………… 37
    一、对教学对象的了解 …………………………………………… 37
    二、对教材内容的分析 …………………………………………… 37
    三、对教学方法的选择 …………………………………………… 40
  第二节 教学方案的撰写 ……………………………………………… 41

一、教案的构成要素 ……………………………………………… 41
　　二、教案格式及撰写 ……………………………………………… 45
第四章　语言要素教学法 ……………………………………………… 51
　第一节　语音教学法 …………………………………………………… 51
　　一、教学原则 ……………………………………………………… 52
　　二、教学方法 ……………………………………………………… 54
　第二节　词汇教学法 …………………………………………………… 56
　　一、教学原则 ……………………………………………………… 58
　　二、教学方法 ……………………………………………………… 59
　第三节　语法教学法 …………………………………………………… 66
　　一、教学原则 ……………………………………………………… 70
　　二、教学方法 ……………………………………………………… 73
　第四节　汉字教学法 …………………………………………………… 90
　　一、教学原则 ……………………………………………………… 93
　　二、教学方法 ……………………………………………………… 95
第五章　语言技能课教学法 …………………………………………… 99
　第一节　精读课教学法 ………………………………………………… 99
　　一、教学任务 ……………………………………………………… 99
　　二、教学方法 ……………………………………………………… 100
　第二节　泛读课教学法 ………………………………………………… 116
　　一、教学任务 ……………………………………………………… 116
　　二、教学方法 ……………………………………………………… 117
　第三节　听力课教学法 ………………………………………………… 127
　　一、教学任务 ……………………………………………………… 127
　　二、教学方法 ……………………………………………………… 129
　第四节　口语课教学法 ………………………………………………… 146
　　一、教学任务 ……………………………………………………… 146
　　二、教学方法 ……………………………………………………… 147
　第五节　写作课教学法 ………………………………………………… 163
　　一、教学任务 ……………………………………………………… 163
　　二、教学方法 ……………………………………………………… 165
主要参考文献 …………………………………………………………… 174

第一章　对外汉语教学法概述

第一节　对外汉语教学法的定义及研究内容

在阐明"对外汉语教学法"的定义及研究内容之前,首先需要介绍一下"对外汉语教学"这个名称。

中华人民共和国成立后,从中国对外汉语教学发展的历史来看,早在50年代就开始接受来华学习汉语的留学生了。1983年,中国成立了"对外汉语教学研究会"(1988年改名为"中国对外汉语教学学会")。由此,"对外汉语教学"这个名称也正式形成,并且作为一门学科或专业名称出现在我国学科专业目录、研究课题、组织机构、学术团体等中。

需要说明的是:

1. 目前,在中国大陆地区,教授外国人学习汉语的学科或专业一般都称为"对外汉语教学"(或"对外汉语")。但由于这一名称中的"对外"二字无法为国外的汉语教学所用,因此在海外有不同的名称,比如:美国称为"中文教学",日本和韩国称为"中国语教学",东南亚一些国家称为"华文教学"或"华语教学"。在台湾地区,也称为华文/语教学。

此外,在中国国内,还有一些以教授海外华人、华裔子女汉语为主的大学或学院,一般也以"华文"命名,如北京的"华文学院",暨南大学的"华文学院"等。

2. 从科学性的角度来说,采用"汉语作为第二语言教学"(teaching Chinese as a second language)这一名称来指称"对外汉语教学"是更为准确的,因为它既可以指在中国进行的针对外国人的汉语教学,也可以指世界各地的汉语教学,而且还能包括对中国少数民族的汉语教学。所以,在一些相关文件或学术论著中也有使用这一名称的。

但是,由于"汉语作为第二语言教学"这一名称太长,读起来也不太上口,再加上约定俗成等原因,所以现在广泛使用的还是"对外汉语教学"这一名称。

基于上述,"对外汉语教学"的性质就是汉语作为第二语言的教学,因此"对外汉语教学法"实际上也就是汉语作为第二语言的教学法。

一、对外汉语教学法的定义

对于究竟该怎样界定"对外汉语教学法"含义的问题,自从20世纪80年代起就已有吕必松等学者进行过论述,并普遍认同它是一个涉及对外汉语教学和学习的体系,而并非仅是具体的教学方法或技巧,可以参考任远(1996)有关这方面的介绍[①]。

将其中诸多学者所阐述的要点概括起来,可以从广义和狭义两个层面上来对"对外汉语教学法"进行定义:

从广义上说,它是对外汉语教学中"教"和"学"的指导性原则。

从狭义上说,它是实施对外汉语教学原则的具体教学方法或技巧。

之所以要从这两个层面来下定义,可通过对外汉语教学中"教"和"学"这两个方面的具体分析来理解:

从"教"的方面来看,对外汉语教学法不仅涉及到汉语语言要素(语音、词汇、语法等)的教学,汉语语言技能(听、说、读、写)的培养,汉语语言交际技能(在不同情境中得体地运用汉语)的训练,并且渗透在教学的各个环节(总体设计、教材编写、课堂教学、语言测试)之中。

从"学"的方面来看,对外汉语教学法涉及到学习者是怎样学习和运用汉语的。例如,学生为了掌握汉语知识或解决学习中的问题,会采用什么学习策略;学生在使用汉语的交际过程中遇到障碍时,又会采取何种交际策略等。

可见,对外汉语教学法实际上涉及到"教什么"、"怎样教"与"怎样学"这一系列方面的问题。因此,应该明确的是:对外汉语教学法是多维度的,它关系到语言教学和语言学习的各个方面,而并非仅仅是具体的教法或技巧。

二、对外汉语教学法的研究内容

基于上述,可知对外汉语教学法的涉及面是十分广泛的。因此,可以研究的内容也是相当多的。

例如:怎样有效地进行汉语语音、词汇、语法及汉字的教学,如何迅速地提高学生的阅读、听力、口语、写作技能。

又如:怎样合理地制定课程的总体设计,如何科学地编写合适的教材,以及怎样高效地开展课堂教学活动,等等。

值得一提的是:以往的对外汉语教学法研究内容是具有较大局限性的,大多是对教材、教法的具体经验性总结,或单纯操作性的探讨。与之相比较,当今对外汉语教学法研究的范围已大为扩展了,主要表现为:

1. 从具体经验的总结进入到了科学实验上的验证;
2. 从教材内容的分析扩大到了对教学大纲的制订;
3. 从教法技巧的研究深入到了对习得规律的探讨;

[①] 任远,《对外汉语教学法研究的回顾与展望》(载《中国对外汉语教学学会成立十周年纪念论文选》),北京语言学院出版社,1996。

4. 从偏误现象分析延伸到了对学生中介语的研究;

5. 从单纯的语言教学扩展到了跨文化交际的培养。

如今,随着计算机多媒体教学技术的迅速发展和日臻完善,也为改进教学手段的研究创造了更大的空间。这些研究内容、方法与手段对于提升对外汉语教学法的科学性、系统性,以及提高教学的效率都是具有积极作用的,需要不断地做出深入的探索和研究。

至于对外汉语教学法的研究方法,可供参考的书籍也有很多①。在这些书籍中,都列举了多种研究的方法。除了带有语言本体研究和语言教学研究相结合特色的"偏误分析法"、"对比分析法"、"话语分析法"等方法以外,还有一些通用的研究方法。下面,仅从中选择几种通用的研究方法做一简要介绍:

1. 观察法

在自然情景中,有目的地直接观察和记录学生使用语言的情况。比如,可借助录音机、摄像机等设备进行观察和记录,然后整理、统计、概括,并做出分析或评价。

2. 调查法

(1) 谈话法:采用事先准备好的谈话提纲,与调查对象展开对话,从中了解其使用语言的情况。

(2) 问卷法:采用多项选择题、问答题或造句等形式来设计问卷,以了解被调查者掌握某一语言知识的情况。

3. 测试法

包括成就测试、诊断性测试和学习能力测试,目的是了解学生对所学语言知识的掌握情况,或运用听、说、读、写进行外语交际的程度,以及学习外语的潜在能力等。

4. 实验法

通过制定严密的实验计划,对教学中的某一问题进行有针对性的研究。比如:要研究某种新的教学方法是否有效,就需通过实验来验证其效果。这种方法的过程较精密,并有定性、定量的量化数据分析,因此结论也具有较强的说服力。实验过程通常为:

(1) 确定实验内容:对实验目的、价值与可行性做出通盘考虑;

(2) 确定实验对象:对实验所需的人数、学习层次等做出确定;

(3) 制订实验计划:设计实验表格、实验过程以及实验进程表;

(4) 进行具体实验:分阶段测试,及时记录,收集数据和事实;

(5) 分析实验素材:对所获信息进行分类处理,做出统计分析;

---

① 如:章兼中主编,《外语教育学》,浙江教育出版社,2001。
黄锦章、刘炎主编,《对外汉语教学中的理论与方法》,北京大学出版社,2004。
陈昌来主编,《对外汉语教学概论》,复旦大学出版社,2005。

(6) 撰写实验报告:包括实验目的、内容、过程、方法、结论。

5. 文献研究法

在收集有关文献资料(如:十九世纪外国人编写的汉语教材)或语料(如:北京语言大学"HSK〈高等〉动态作文语料库"中的错误信息汇总)的基础上,通过整理、综合、归纳等,获取所需要的语言事实、数据或观点等,然后进行分析和研究。步骤为:

(1) 收集文献材料;
(2) 整理文献材料,如:语言事实、数据、观点、出处等;
(3) 建立研究大纲,如:选题的意义,研究的内容、理论、方法等;
(4) 分析研究材料,如:实际作用、重要数据、评价等。
(5) 撰写成文

6. 个案研究法

对个人学习某方面语言知识,或掌握某方面语言技能的情况进行集中、详细的研究,或对其学习中发展、变化的过程进行历时的跟踪观察、调查,并做出分析或预测。比如:可以跟踪研究某个外国学生学习了汉语结构助词"了"后,在使用过程中存在的偏误现象及原因是什么,以及究竟是怎样逐步掌握其用法的,等等。

第二节　第二语言教学法与对外汉语教学法

如前所述,对外汉语教学法就是汉语作为第二语言的教学法。因此,首先就有必要了解一些有关第二语言教学法方面的知识。

从中国对外汉语教学法的发展历程来看,它并不是凭空建立起来的,而是与历史上国外各种第二语言教学法流派的发展,以及相关学科的理论基础密切相关、渊源相连的。掌握与借鉴这些方面的知识,对于教师在对外汉语教学中采取适当的教学方法,有效地开展教学活动,深入地研究教材教法等方面,都是具有现实性意义的。

一、第二语言教学法主要流派简介

迄今为止,外语教学已有一百多年的历史。在此漫长的历史进程中,世界上先后出现了数十种第二语言教学法。其中,一些第二语言教学法的主要流派不仅都有其产生的理论基础(如:心理学、教育学、语言学等理论的支撑),而且其中所反映的教学理念、体现的教学原则、采取的教学方法等,都对中国对外汉语教学法的发展产生过重大的影响,并至今仍在对外汉语教学的运用中具有较高的应用性价值。

关于第二语言教学法的主要流派有哪些,其特点又是什么等,在许多书籍中都已有所介绍或评价①。

下面,仅在参考书籍中有关论述的基础上,从中选取几种影响较大的第二语言教学法主要流派,并按其出现年代的先后顺序做一简要介绍(对于其中的一些教学法流派,采用对外汉语教学的实例来加以说明):

(一) 语法—翻译法(grammar-translation method)

"语法—翻译法"盛行于18世纪末的西欧。最初,这种方法是用来学习古拉丁语、古希腊语的。但是,实际上当时这些语言已不用于口头交际了。可人们之所以重视学习这些语言,主要有两个方面的原因:

一是当时它们是西欧各国的一种"国际通用语",并主要用于学术著作或官方文件中;二是它们的语法极其复杂,若精通这些语言,会被认为是受过良好教育并具有智慧的标志。正因为如此,当时"语法—翻译法"的教学目的就是为了"读"和"写",而不是为了"听"和"说"。

反映在语言教学上,其特点主要表现为:

1. 强调学习系统的语法知识。
2. 使用学生的母语和翻译的手段来进行教学。

"语法—翻译法"的教学过程依次为:

教师采用翻译的方式讲解词语、语法→通过逐句翻译,说明课文内容→学生朗读课文→运用互译的练习形式,巩固所学的知识

在对外汉语教学中,这种教学方法也是常用的。比如,以教学生"我学习汉语"这句话为例,可如下图所示:

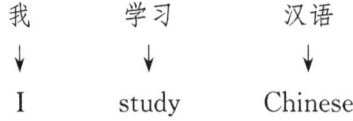

具体地说,教师先用英语讲解这句话中的词语(我、学习、汉语),以及语法结构形式(主语+谓语+宾语),并用英语翻译这句话的意思。其次,让学生进行朗读。最后,让学生做汉译英与英译汉的练习。

从"语法—翻译法"的教学方法和过程来看,其优点主要表现为:

1. 使用学生的母语来进行讲授,可便于学生理解词义和句义。
2. 符合成人学习第二语言时擅长分析等特点,并利于学生系统地掌握语法规则。

其缺点主要表现为:

---

① 如:章兼中,《国外外语教学法主要流派》,华东师范大学出版社,1983。
盛炎,《语言教学原理》,重庆出版社,1990。
刘珣,《对外汉语教育学引论》,北京语言大学出版社,2000。

1. 过分偏重读、写能力的培养,忽视听、说能力的训练。
2. 单纯依赖母语和翻译,不利于培养学生直接用外语理解和表达的能力。

（二）直接法(direct method)

"直接法"产生于19世纪末20世纪初的西欧。当时,随着西欧各国工业的发展,国际贸易交往也日益增多,由此需要大量的外语口语人才。因为"语法—翻译法"忽视口语能力的训练,难以适应这一社会发展的需要,所以语言教学界就对外语教学的方法进行了改革,并创造出了"直接法"。其典型教材如：英国的《Essential English》(基础英语)。

"直接法"的倡导者认为：儿童学习母语是一个自然的过程,即并非是从学习一个一个孤立的语音、词语或语法开始的,而是一句一句直接学习的。比如：

父母要让孩子学习"书"这个词语,以及"这是书"这个句子时,就会拿出一本书来对孩子说：书→这是书。孩子通过反复模仿,就慢慢地自然学会了。

因此,"直接法"主张：学习外语也应该像儿童学习语言一样,要直接把语言和客观事物联系起来学习,而不应是通过母语的中介来学习。并且,突出强调要重视句子的学习。

反映在语言教学上,其特点主要表现为：

1. 尽可能不用学生母语和翻译手段,直接用外语来进行教学,并注重口语训练。
2. 重视"句子"的学习,并让学生通过大量的反复模仿操练来整句学,整句用。

"直接法"的教学过程依次为：

教师用实物或动作等展示词语,说出句子→学生在教师的领读下,反复跟读模仿句子→进行问答形式的练习

从"直接法"的教学方法和过程来看,其优点主要表现为：

1. 有利于培养学生直接使用外语进行思维和表达的习惯。
2. 重视"句子"的教学,有助于学生完整理解句义,并进行整句运用。

其缺点主要表现为：

1. 排斥学生母语的中介作用,遇到抽象概念时不易讲清。
2. 片面重视口语能力的训练,忽视读、写能力的培养。

（三）听说法(audiolingual method)

"听说法"产生于20世纪40年代的美国,是继承了"直接法"的一种教学方法。当时,第二次世界大战爆发,美国派出大量的军队出国作战,所以急需大批能听、会说外语的人才。由此,在美国语言教学界创造出了重在快速培养外语听、说能力的"听说法"。其典型教材如：美国的《英语900句》。

反映在语言教学上,其特点主要表现为：

1. 以"句型"为教学中心,并有较具体的句型选择。同时,重视对比学生母语

和外语的句型结构特点。

2. 强调通过"刺激→反应→强化"的过程,让学生在各类句型操练中,培养起听和说的能力。

"听说法"的教学过程依次为:

教师展示词语、句型(包括外语和学生母语的句型对比)和会话体课文→学生听课文录音→学生在教师的领读下反复跟读模仿,以及分角色对话→做各类句型练习(如:替换词语、陈述句转换成疑问句等)→学生运用所学句型及词语互相问答

下面,以对外汉语教学中"主语+动词谓语+宾语"这一句型的课文教学为例,简要说明其教学过程:

(1) 教师展示词语、句型和会话体课文。例如:

词语:这、是、什么、书、那、吗、不

句型:	汉语			英语
课文:A:	这	是	什么?	—— What is this?
B:	这	是	书。	—— This is a book.
A:	那	是	书吗?	—— Is that a book?
B:	那	不是	书。	—— That is not a book.

(2) 播放课文录音后,在教师的领读下,学生反复跟读模仿词语和语句,并进行两人一组的分角色对话。

(3) 补充一些词语,并进行"句型"操练。例如:

替换词语:这是书。(用"笔、本子、词典"等替换划线词语)

陈述句转换为疑问句:这是书。→这是什么?

(4) 学生两人一组,运用所学句型及词语互相问答。例如:

A:这是什么?
B:这是书。(或:笔、本子、词典……)
A:那是书吗?(或:笔、本子、词典……)
B:那不是_____,那是_____。

从"听说法"的教学方法和过程来看,其优点主要表现为:

1. 强调听、说能力的培养,并尤其适用于速成性的外语学习。
2. 重视"句型"教学,有助于学生掌握外语的语法结构形式。
3. 对比外语和学生母语的句型结构特点,有利于针对重点或难点进行训练。

其缺点主要表现为:

1. 单纯的机械性句型操练易枯燥无味,且往往会脱离真实自然的现实语境。

2. 将语言学习看成是简单的"刺激→反应"的过程,忽视创造性活用外语的训练。

3. 片面注重听和说,忽略读和写,会使学生进一步深入学习缺乏后劲。

(四)视听法(audio-visual method)

"视听法"产生于20世纪50年代的法国,是发扬了"直接法"和"听说法"的长处,并力求结合现实语境来进行教学的方法。其典型教材如:英国的《新概念英语》。

反映在语言教学上,其特点主要表现为:

1. 利用影像教学手段(如:幻灯、电影)展示情景内容,使学生的听觉感知和视觉感知相结合,直接整体认知与学习现实情景中的语言。

2. 对学生掌握语言技能的要求,按重要性程度依次排列为:听→说→读→写,并以此来安排教学顺序。

"视听法"的教学过程依次为:

学生看和听影像中的情景内容,感知语句意思→教师采用讲解或问答的方式,帮助学生理解语句内容→学生运用所学语言材料进行口头或书面的表达性练习

从"视听法"的教学方法和过程来看,其优点主要表现为:

1. 语言与现实情景直接联系在一起,有助于学生理解和学习。

2. 利于学生模仿影像中话语的语音、语调和语气,课堂气氛也易生动活泼。

其缺点主要表现为:

1. 过分注重听和说,忽略对语言结构的分解和说明,不利于学生掌握语言规律。

2. 影像情景中词汇或语法的数量、难度较难控制,或不易符合学生现有的外语水平。

(五)认知法(cognitive approach)

"认知法"产生于20世纪60年代的美国,是重视人脑具有的认知能力和智力因素,反对通过机械的"刺激→反应"来学习外语的一种教学方法。

反映在语言教学上,其特点主要表现为:

1. 引导学生通过观察、分析、归纳,有意义地"发现式学习"新的语言规则,并强调在认知语法规则的基础上,创造性地运用所学语言。

2. 在语言技能的培养上,主张"听、说、读、写"齐头并进,口头与笔头同步发展。

"认知法"的教学过程依次为:

教师引导学生结合已有知识来发现新的语言规则→让学生做各种理解性练习和语言结构性练习→学生进行运用性操练

下面,以对外汉语教学中"正反疑问句"的学习为例,简要说明其教学过程:

比如：学生在学习了"他是学生"、"他不是学生"，以及使用"吗"的是非疑问句后，又遇到新学的语句"他是不是学生？"时，教师就可让学生结合已有知识来观察、分析这个正反疑问句，并从中发现和归纳出其基本格式是："V 不 V"，句末不用"吗"。

其次，可采用学生已学过的词语，让学生做理解性练习。如用问答题提问学生"明天你去不去商店？"、"你喜欢不喜欢中国菜？"等。再次，可让学生做语言结构性练习。如让学生做"替换词语"的练习，或让学生做用"吗"的是非疑问句和正反疑问句的"句式转换"练习等。最后，可以把学生分为两人一组，进行相互对话等活动。

从"认知法"的教学方法和过程来看，其优点主要表现为：

1. 让学生自己在探索中进行"发现式学习"，可激发学生的思维能动性和创造性。

2. "听、说、读、写"并进，有助于全面培养学生的语言交际能力。

其存在的问题是：

1. 过分强调要在认知语法规则的基础上学习，这未必科学，也未必适合每一个学生。

2. 到底该教哪些语法规则，还需要在理论和实践上进一步验证。

（六）全身反应法（total physical response）

"全身反应法"产生于20世纪60年代的美国，是通过身体动作或指令来教授外语的一种教学方法。

反映在语言教学上，其特点主要表现为：

1. 通过教师的示范动作和语言指令来进行词汇、语法、语句的教学。

2. 强调要在发展学生听力的基础上训练其口语技能。

"全身反应法"的教学过程依次为：

老师发指令，自己做动作→老师发指令，跟学生一起做动作→老师发指令，让学生自己边听边做→某个学生发指令，其他学生听后做动作

下面，以对外汉语教学中的课文《问路》为例，简要说明其教学过程：

第一段：A：请问，邮局在哪儿？
　　　　B：邮局在东边。
第二段：A：请问，去银行怎么走？
　　　　B：银行在南边。你先往前走，再往右拐。

教学步骤如下：

（1）学习生词

例如，学习其中的方位名词"东、西、南、北、东边、西边……"时，教师可先在黑

板上画出方位坐标图,并写上这些方位名词。然后,老师边说边指出"这是东"、"这是南"等,或"邮局在东边"、"银行在南边"。其次,老师提问"邮局在哪儿?"、"银行在哪儿?",并跟学生一起边指、边用方位名词说出邮局或银行的方位。最后,可以是老师发指令,让学生听后自己做,并过渡到某个学生发指令,其他学生听后做。

又如,学习其中的动词"走"、"拐"时,教师也可以通过走和拐的具体身体动作来说明其词义。

(2) 学习句子

例如,学习"往……走"、"往……拐"时,教师可先边说边做往什么方向走、往什么方向拐的句子和动作。其次,老师说句子,并跟学生一起做动作。再次,老师说句子,学生听后做动作。最后,过渡到一个学生说句子,其他学生听后做动作。

从"全身反应法"的教学方法和过程来看,其优点主要表现为:

1. 指令和直观形象的动作相结合,易于学生理解和反应。
2. 可有效提高学生的开口率,课堂教学气氛也易轻松活泼。

其缺点主要表现为:

1. 仅用动作表达词汇和语句的意义,遇到抽象的概念时常会无能为力。
2. 不太适合基础汉语班以上的教学,或内容较复杂、语篇较长的课文。

(七)"交际法"(communicative approach)

"交际法"产生于20世纪70年代的西欧共同体国家。当时,西欧十几个国家建立了一个国际组织——"欧洲共同体"。由于各国语言不同,妨碍了相互之间的交流合作,于是在语言教学界又创造出了重视语言交际能力的"交际法"(也称"功能法",或"意念—功能法")。其典型教材如:英国的《跟我学》。

"交际法"的语言观认为:语言的基本功能就是社会交际。并且,还提出语言的"交际能力"应包括两个方面:

一是能遣词造句的"语言能力":即具备语音、词汇、语法等语言要素知识;掌握听、说、读、写的语言技能。

二是能根据交际需要进行表达的"语言运用能力",主要包括以下三种:

1. 社交能力:在社交语境中,能根据不同的话题、对象、目的等,得体地运用语言,并合乎社会文化习惯。
2. 话语能力:能根据交际的意图,组织句子形成话语,并且能连贯、完整地成段表达语义。
3. 策略能力:能根据交际中发生的情况或遇到的困难,采用相应的对策,并具有应变的能力。如通过解释、重复、回避或转换话题等策略,使交际能得以顺利进行。

此外,"交际法"还突出地强调,学生要具备运用某种语言的交际能力,就必须掌握该语言的表达"功能",并能将其运用于社会交际中。

"功能"是指:用语言表达思想,或叙述事情。例如:表达感谢、邀请、建议、同意、喜欢、请求等；叙述事情的经过，描述事物的特征，解释事物的含义等。

关于对外汉语教学中的"交际功能"项目，可以参考三个大纲①。在这三个教学大纲中，都列有"功能项目表"。其中，交际功能项目的数量按上列大纲的先后顺序分别为：110项、100项、117项。

此外，在以上各类教学大纲的"功能项目表"中，还都有对交际功能项目的具体分类，如划分为：社交表达、情况表达、态度表达、情感表达、使令表达，以及谈话技巧或社交策略等几大类，并采用相应的行为动词对各大类的含义进行表述。例如：

* 社交表达类

打招呼、问候、介绍、感谢、邀请、祝愿……

* 情况表达类

询问、叙述、说明、解释、描述、比较、分析、判断、评价……

* 态度表达类

同意、反对、肯定、否定、接受、拒绝、表扬、批评……

* 情感表达类

喜欢、愿意、满意、害怕、道歉、谦虚……

* 使令表达类

要求、请求、命令、建议、提醒、催促……

* 谈话策略类

引入话题、转换话题、要求重复、退出交谈……

同时，由于语言的交际功能与交际语境是密不可分的，因此交际法也很重视"功能"和"情景"的结合。如：购物、换钱、问路、点菜、坐车、看病、谈天气、聊爱好等交际活动的情景。

关于对外汉语教学中的"交际情景"项目，也可参考其他书籍②。

其中的"情景大纲"里，由"主要交际场所"、"主要交际活动"、"主要交际用语"三个部分组成。例如：

---

① 国家对外汉语教学领导小组办公室编，《高等学校外国留学生汉语教学大纲》（长期进修），北京语言文化大学出版社，2002。
国家对外汉语教学领导小组办公室编，《高等学校外国留学生汉语言专业教学大纲》，北京语言文化大学出版社，2002。
杨寄洲主编，《对外汉语教学初级阶段教学大纲》(1)，北京语言文化大学出版社，1999。
② 如：杨寄洲主编，《对外汉语教学初级阶段教学大纲》(1)，北京语言文化大学出版社，1999。

* 主要交际场所

  商店、饭店、机场、银行、图书馆、电影院……

* 主要交际活动

  日常生活、学习活动、课外活动、外出旅行……

* 主要交际用语

  介绍个人情况、谈论学习、询问天气、寻医问药……

反映在语言教学上,"交际法"的特点主要表现为:

1. 交际性:注重培养学生在特定语境中得体地、创造地运用语言进行交际的能力。

2. 实用性:以"功能"为纲,根据学生在外语语境中交际的先后需求,编排课堂教学的内容(如以"问候、购物、问路、点菜……"为线索,编排急用先学的交际项目)。

3. 情景性:创造接近真实的语言环境和各种活动,帮助学生在特定语境中学会"说什么"和"怎么说",力求实现教学过程交际化。

"交际法"的教学过程依次为:

学习情景对话中的生词,展示语法点或表达法→学习课文,提问相关的内容,并让学生作出归纳和说明→提供交际情景,让学生运用所学知识进行自由表达

下面,以对外汉语教学中的一篇会话体课文为例,简要说明其教学过程:

  A:王华,你今天晚上有空吗?
  B:有什么事情吗?
  A:我想请你去看电影。
  B:对不起,今天晚上我没有空。我们明天晚上去,怎么样?

在这段对话中,涉及到的语言交际"功能"有三项:询问、邀请、建议。在课堂教学中,可采取如下步骤:

(1) 学习生词,展示语法点、表达法。如:

  生词:空、事情、电影……
  兼语句的语法:A 请 B+动词
  表建议的表达法:……,怎么样?

(2) 学习课文,并就其中的内容提问,让学生自己归纳和说明。如:

  问别人有没有时间,怎么说?
  听到别人问自己有没有时间,说什么?

要请别人做什么事,怎么说?
如果自己没有时间,说什么?

（3）教师结合本课的"功能"项目和表达方式设计板书,并提供多种交际情景,让学生两人一组进行口头情景会话操练。如：

A：……,有空吗?（询问）
B：有什么……吗?（询问）
A：A 请 B＋动词……。（邀请）
B：对不起。……没有空,……,怎么样?（建议）

让学生展开对话的情景内容可以是：邀别人一起去吃饭,请别人一起去看望某人,或想跟别人一起去参观游览某地等。此外,也可让学生单独叙述会话内容,等等。

从"交际法"的教学方法和过程来看,其优点主要表现为：
1. 以语言的"功能"为纲,注重培养学生得体运用语言进行交际的能力。
2. 从学生的实际需要来确定教学内容,并注重教学过程的交际化。

其存在的问题是：
1. 如何科学地设定"功能项目"和"情景项目",怎样对它们进行合理的分类、系统的排序,并能将二者有机地结合起来,仍有待于进一步研究。
2. 怎样兼顾和协调"功能项目"、"情景项目"与"语法结构项目"的教学,如何科学地编排由易而难的学习顺序,尚是一个繁难的问题。

（八）自然法(the natural approach)

"自然法"产生于 20 世纪 70 年代末的美国,是在吸收以往各种教学法长处的基础上,以语言习得理论为指导的一种教学方法。

反映在语言教学上,其特点主要表现为：
1. 强调在自然交际中非正式的自然习得。
2. 将发展听力理解放在首位,认为其他语言技能会随着听能的提高而自然产生。

值得关注的是,"自然法"提出了五个主要的理论模式假释：
（1）"习得"(acquisition)和"学习"(learning)假释

所谓"习得",是指无意识地掌握语言,即在自然的交际情景中获得运用语言的能力。(通常是无需专门教师或专门教学的)

所谓"学习",是指有意识地掌握语言,即在非自然的交际情景中获得运用语言的能力。(通常是由专门教师实施的专门教学)

"自然法"首次区分了"习得"和"学习"在概念上的不同,并认为"习得"是首要的,即能在交际中流利地运用第二语言主要是依靠"习得",而"学习"则是辅助性的,对发展交际能力与自然表达思想的作用极为有限。

（2）自然顺序假释

"自然法"认为,习得语法规则是有一个预定顺序的,即有的先习得,有的后习得。如曾有实验研究证明:儿童和成人习得作为第二语言的英语时,一般的顺序是:先习得进行时态、复数,后习得不规则动词、过去时态等。由此,自然法提出:学生学习的语法项目可按预定的顺序进行排列。

（3）监控假释

"自然法"提出,学生在第二语言的运用中,有意识学习的功能是有限的,只限于在"说"、"写"的前或后,起到监控和修正的作用。并且,突出强调学生语言表达的流利性,应来自于自然情景中无意识地习得语言。

（4）输入假释

这个假释所建立的"i+1"的公式,说明了一个在理论和实践上都十分重要的问题,即学生是怎样循序渐进地习得语言的。

"i"是指学习者现有的语言水平,"1"则是指下一阶段要习得的语言知识。具体地说,某人处在语言习得的 i 阶段,那么最佳的可懂性输入应该是 i+1。太容易的输入,无法进一步发展语言能力;太难的输入,则会使语言习得过程受到阻碍。

（5）情感过滤假释

"自然法"关注到,良好的情感和习得情景能降低学生的焦虑水平,使第二语言习得的过程更为顺利。因此,在教学中一定要创建轻松愉快的情景,以获得更好的学习效果。

从"自然法"的特点来看,其优点主要表现为:

1. 强调通过理解稍微超过现有水平的知识来习得语言,这是符合人脑认知规律的。

2. 注重降低情感方面的障碍,有助于学生克服语言习得过程中畏难或焦虑的情绪。

其存在的问题是:

1. 认为"习得"和"学习"并无相互作用的说法不妥,二者应是相辅相成的。

2. 强调"学习"对获得流利交际能力的作用极为有限,这种说法过于绝对化。

3. "i+1"的公式存在一定的模糊性,即如何合理确定"i"和"1"并非易事。

（九）任务型教学法（Task-based teaching）

"任务型教学法"兴起于 80 年代,是借鉴和发展了交际法的一种教学方法,也称"交际任务法"。

反映在语言教学上,其特点主要表现为:

1. 以"任务"贯穿教学过程的始终,并将语言交际内容归纳为一系列的交际任务项目。

2. 让学生通过完成"任务"的互动性活动,在运用的过程中学习和发展语言交际能力。

关于对外汉语教学中的"交际任务"项目,可以参考相关大纲①。

其中,列有初级、中级、高级三个等级里具体的交际任务项目分类表,以及各类的项目范围和项目描述。

下面,以该大纲中的"交际任务项目表"(初级)为例,对其中的一些任务项目做一简要展示:

任务分类——项目范围——项目描述
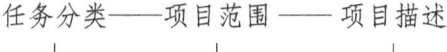
基本交际类→社会交往→表示问候、感谢……;邀请别人参加聚会、宴会……
生　存　类→点菜吃饭→了解中国菜的主要种类;学会点菜……
社会活动类→旅行交通→学会预定机票;了解常见交通工具及乘座方法……
个人信息类→家庭情况→说明家庭人员情况;了解简单的称谓表达……

此外,根据不同的教学等级,在每个大的项目范围下边,又细分出一些具体的项目描述,例如:

初级—生存类中的"寻医问药",具体的项目描述是:了解人体主要部位的名称、说明常见的病状等。

中级—生存类中的"寻医问药",具体的项目描述是:描述病状和病因、叙述看病的经历或过程等。

从"任务型教学法"与"交际法"的比较来看,二者之间既具有相同点,也存在着差异之处。

其共同点在于:

二者都强调语言的基本功能是社会交际,并均以"功能"为纲,重视语言教学过程的交际化,以及实用性和情景性。

其差异处在于:

"交际法"强调掌握某一语言功能后能"学了会用";"任务型教学法"则重视"在用中学",即引导学生通过完成特定任务的交互性活动,在运用的过程中进行学习,从而实现发展语言交际能力这一最终目的。

"任务型教学法"的教学过程通常分为三个阶段:

前期任务阶段:主要是教师向学生介绍任务,并为随后的展开阶段作好必要的准备。比如:说明任务的话题,以及要实现的目标;开展一些复习活动,以激活学生头脑中存储的语言知识,为展开阶段的语言表达做好准备,

---

① 国家对外汉语教学领导小组办公室编《高等学校外国留学生汉语教学大纲》(短期强化),北京语言文化大学出版社,2002。

等等。

展开任务阶段：主要是教师通过设计各种交际活动，指导学生来完成一系列相互关联的任务。比如：在展示情景和新出词汇、语句的基础上，让学生以分组的形式进行双人活动或多人讨论等，最终完成要求的任务。最后，各小组派出一位代表向全班汇报任务的完成情况，并由教师对此做出评价。

后期任务阶段：主要是教师讲评学生语言表达中的问题，或操练重点的语言项目，以强化和巩固学生对相关语言知识的学习。

下面，仍以课文《问路》为例，简要说明其任务目标及教学步骤：

A. 请问，去银行怎么走？
B. 你先往前走，再往右拐，银行在一个饭店旁边。

（一）前期任务阶段
1. 说明要学习的内容是"问路"，以及要完成的任务有三项：
(1) 学会怎样问路
(2) 掌握简单的方位词，以及去某地的表达法
(3) 能够说明某一物体的方位
2. 开展复习活动，如：
(1) 听写：饭店、商店、书店、邮局、地铁站……
(2) 看图说话：看了图片后，说出图上的物体是什么。
（二）展开任务阶段
1. 展示对话情景和新出的词语、表达方式。例如：
(1) 采用多媒体影像展示对话情景与方位图，并在图中标出人和物体的位置。
(2) 列出新出词语和表达方式，如：

　　词语：先、再、往、前、右、拐……
　　表达方式：去……怎么走？｜往＋方位词＋动词｜……在＋地方

2. 学习课文，并进行小组活动。例如：
(1) 双人活动
如：甲请乙一起去饭店吃饭，并把从学校到饭店的路线，以及饭店的位置告诉乙。乙则边听边把听到的内容画出来或写下来，最后再向甲确认。
此外，也可以是甲拿出一张地图，标出学校和饭店的位置，并告诉乙从学校到饭店怎么走。乙有不清楚的地方可问甲，或对不完整之处进行补充。
(2) 多人讨论
如：画一张方位图，在图上标出 A 和 B 两个位置，从这两个地方出发都可到达 C 的位置。让各小组的学生看了图以后，商量从哪儿走或怎么走，并说明为什么要

这么走的原因。

3. 各组汇报

如：各小组派出一位代表，向全班同学汇报完成这一任务的结果。最后，由教师评价各组完成任务的情况。

（三）后期任务阶段

1. 教师讲评学生语言表达中的问题

如：讲评一些学生普遍用错的词语、语法，或不适当的表达方式等。此外，也可以让学生自己发现或改正错误。

2. 操练重要的语言项目

如：适量地练习"先……，再……"，或"往＋方位词＋动词"等，以让学生进一步巩固所学习的语言知识。

从以上举例可见，"任务型教学法"提供的教学方案，以及多种"在用中学"的互动性活动，都是围绕完成任务目标展开的。其明显的目的性、功能性、情景性及教学过程交际化等特征，可有效地激发学生的参与意识和创造性。并且，尤为适合教学周期较短，且追求实用性、趣味性的短期强化语言教学。

至于如何设计"完成任务"的语言交际性练习，方法可以是多样化的。除了以上列举的方法外，还可通过设计"信息差"（即：使交际双方占有的信息不一样）的手段，让学生根据具体的任务要求来交换真实的信息，在实践性的互动过程中提高运用外语的能力。

例如：在学习了询问姓名、地址、电话号、网址等词语和句子后，可以让学生互相询问，并将所获得的对方信息记在纸上。最后，还可以制作出一本班级同学通讯录。

又如：在做听说练习时，可以让A组学生出去，B组学生在教室里听录音。听完录音后，再让A组学生进来，分别询问B组学生所听录音的内容。

再如：可以给出写有不同内容的卡片（如某人的身高、肤色、貌相、穿着等），让学生根据不同的指引和需使用的话语进行猜测、询问、描述等口头交际活动。

有关"任务型教学法"的研究及编写的教材有很多[1]。

综上所述，各种第二语言教学法流派都有其一定的合理性与长处。它们之间虽然存在着对立或排斥，但却是不断向前迈进的，即：后者吸取前者的优点，弥补以往的不足，所形成的是继承和发展的关系。

如果对上述各种第二语言教学法主要流派加以归纳，那么还可以从不同的角度对其做出分类。对于这方面的阐述，也有相关参考文献[2]。

---

[1] 吴中伟、郭鹏主编，《对外汉语任务型教学法》，北京大学出版社，2007。
高等教育出版社出版的《体验汉语》系列教材。

[2] 刘珣，《对外汉语教育学引论》，北京语言文化大学出版社，2000。

下面,从中择其要点做一简要介绍(注:以下分类并非是绝对的,其中存在着交叉重叠的现象):

按照语言教学的"特征",可将其类型分为四大派:

1. 强调理性掌握的认知派,如:语法翻译法、认知法
2. 强调习惯养成的经验派,如:直接法、听说法、视听法
3. 强调情感作用的人本派,如:全身反应法、自然法
4. 强调交际运用的功能派,如:交际法、任务型教学法

依据语言教学的"目标",又可将这四大派归成两大类:

第一类:注重语言知识和语言结构规则的掌握。属于此类的是:认知派、经验派

第二类:注重语言功能意义和交际技能的运用。属于此类的是:人本派、功能派

上述第一类(认知派、经验派)和第二类(人本派、功能派)都各具特征,其间的差异也反映在第二语言教学的各个方面。例如:

1. 教学目标方面

   第一类:注重语言要素的教学。
   第二类:重在交际能力的培养。

2. 教材编排方面

   第一类:重视语言知识的系统性,根据语言内容的难易程度循序渐进。
   第二类:注重语言的交际功能,根据学生交际的需要来确定教学内容。

3. 活动操练方面

   第一类:主要采用句型操练等机械性活动。
   第二类:大量采用灵活运用的创造性活动。

4. 教学过程方面

   第一类:教学依赖教师,学生处于被动地位,主观能动性难以发挥。
   第二类:教师是引导者,学生处于主体地位,体现自我学习的过程。

二、第二语言教学法的理论基础

从一些第二语言教学法主要流派产生的背景来看,它们都是有一定的理论基础的。或者说,它们都是在相关学科(如:心理学、教育学、语言学等)的理论影响或指导下产生的。尤其是二十世纪以来,随着社会科学和自然科学的发展,第二语

言教学法也由此不断地向纵深发展,呈现出了与其他相邻学科高度综合、互相渗透、边缘交叉的趋势。

有关这方面的论述,有许多参考书①。现从中择其要点,简介第二语言教学法主要流派的产生与心理学、教育学、语言学之间密不可分的关系:

1. 第二语言教学法与心理学

心理学研究的范畴是感知觉、记忆、想像、思维等心理活动和过程,以及动机、需求、兴趣、个性特征等,这些研究都对第二语言教学法的产生具有较大的影响。换言之,各类第二语言教学法的产生都有其心理学基础。

例如,"直接法"的心理学基础是"联结行为主义心理学"。联结行为主义心理学强调,语言学习应该跟客观事物直接联结起来,并认为学习外语跟幼儿习得母语一样,都需要通过感知和反复模仿来获得。因此,直接法主张直接用外语来进行教学,并让学生通过感知、模仿和重复来学习。

又如,"认知法"的心理学基础是"认知心理学"。认知心理学认为,人脑具有一种认知结构,学生学习外语并非仅靠简单的刺激→反应,而是要通过一个认知过程才能对刺激做出反应的。因此,认知法强调有意义的"发现式学习",主张学生应通过观察、分析、归纳等逻辑思维活动,发现新学知识中的规则,并在切实理解的基础上掌握所学的语言。

进一步说,进行第二语言教学,探索第二语言教学的规律,都需要研究学习者习得语言的心理过程与策略。比如:

(1) 学习者在言语感知、言语生成方面的编码过程是怎样的?

(2) 学习者在学习中会采用哪些记忆、预测或推理等策略?

(3) 学习者的动机、情感或个性特征对学习的影响有哪些?

所有这些问题的研究,都需要借助心理学、教育心理学、认知心理学、心理语言学等方面的理论和方法。

2. 第二语言教学法与教育学

从语言教学来说,其本身就是属于教育的一类。因此,教育学对第二语言教学法的产生也具有不容忽视的指导性作用。

例如,"语法翻译法"最初是用于学习古拉丁语和古希腊语的,是否精通这些语言,是当时衡量一个人是否受过良好教育、是否具有智慧的标志。因此,语法翻译法把能否阅读和书写这些语言作为主要的教学目的,并将语言教学看作是一种发展智力的教育。

---

① 如:章兼中,《国外外语教学法主要流派》,华东师范大学出版社,1983。
周小兵、李海鸥主编,《对外汉语教学入门》,中山大学出版社,2004。
徐子亮、吴仁甫,《实用对外汉语教学法》,北京大学出版社,2005。

又如,"认知法"强调以学生为中心,主张在认知语法规则的基础上创造性地运用所学语言等原则,就是来源于美国教育家布鲁纳提出的"以学习者为中心",以及应让学习者自己去进行有意识"发现式学习"的教育思想。

目前,在第二语言教学中,已愈益重视在传授语言要素知识的同时,还要注重对学生语言交际能力的培养。如何更好地处理"知识"与"能力"之间的关系,应采取怎样的教学方法才能更有效地提高学生的外语能力,都需要重视和借鉴教育学的研究成果。

3. 第二语言教学法与语言学

作为第二语言教学法,自然会与语言学的理论或方法有关。从历史上看,各种第二语言教学法主要流派的诞生都是与某种语言学理论密切相关的。换言之,它们的产生都是受到语言学理论支配的。例如:

第二语言教学法	语言学理论基础
语法翻译法	历史比较语言学
听说法、视听法	结构主义语言学
交际法、任务型教学法	社会语言学
认知法	转换生成语言学
直接法、全身反应法	儿童习得母语理论
自然法	第二语言习得理论

从语言学理论对第二语言教学法产生的影响来看,由于各种语言学理论在语言观上是不同的,因此在分析语言学习现象时所用的方法也会有所不同,其间的差异就形成了各种第二语言教学法产生的重要理论依据。

例如,"历史比较语言学"在对古希腊文、古拉丁文等和现代印欧文进行了历史比较后,认为一切语言的规律,以及词汇所代表的概念与意义都是共同的,所不同的只是词汇的语音和书写形式。也就是说,由于人类的思维规律是相同的,因此不同语言之间都可进行对应的翻译。"语法翻译法"主张采用翻译的手段来进行教学,就正是基于这一语言观。

又如,20世纪40年代,以布龙菲尔德为代表的"结构主义语言学"认为,语言是一种高度结构化和形式化的类型,因此主张对语言结构系统进行全面的描写。并且,利用行为主义心理学的"刺激→反应"观点来解释语言的理解和产生的过程。"听说法"强调句型教学,重视反复模仿和操练,正是体现了这些语言学理论。

再如,到了60年代,以乔姆斯基为代表的"转换生成语言学"认为,语言是由无限的句子构成的,而无限的句子是由有限的规则生成的,即人类语言是一种受到规则支配的体系。并且,认为人类具有一种先天的语言习得机制。"认知法"就是受这种语言观影响而产生的一种教学法,因此它反对语言学习中行为主义心理学的"刺激→反应"模式,主张应充分发挥学习者的先天智力作用,并强调要使学生在理解语法规则的基础上,能用有限的规则举一反三,进行创造性的运用。

步入70年代后,外语教学法受到了"社会语言学理论"的影响。社会语言学强调语言的社会性,并认为语言的基本功能就是社会交际。"交际法"正是受这种语言观影响而形成的一种教学法,因此它强调要以培养学生的交际能力为主要目标,并注重教学过程的交际化。

如今,无论在语言要素的教学、语言技能的培养上,还是在言语交际技能的训练方面,语言学的理论与方法更是具有直接的指导性作用。

三、第二语言教学法在对外汉语教学中的应用

从对外汉语教学的全过程来归纳,可概括为四大环节:总体设计、教材编写、课堂教学、语言测试。上述各种第二语言教学法主要流派的理念与操作方式,也是应用于对外汉语教学这四大环节中的。下面,对此做一简要阐述:

1. 总体设计

即在通盘考虑各种主客观因素的基础上,对教学类型、教学阶段、教学目标、教学内容、教学方法等做出明确的规定。

以其中的制订教学方法为例,在对外汉语教学中,根据不同的教学对象、目的、阶段等,教师可有针对性地侧重采用某种第二语言教学法。如:

不同的教学对象:学生是少年儿童,宜用"直接法"、"全身反应法";学生是成人,则宜采用"交际法"、"听说法"等。

不同的教学目的:学生只要学会日常生活用语,宜用"听说法"、"任务型教学法";学生侧重阅读理解能力的提高,则采用"语法翻译法"、"认知法"较好。

不同的教学阶段:初级阶段宜用"直接法"、"听说法"、"任务型教学法";中级阶段则采用"认知法"、"视听法"较为理想。

2. 教材编写

即在教学总体设计的指导下,根据不同的教学对象、学习目的、学生水平、适用课程等,制订教材的编写原则和内容。

从现行诸多的对外汉语教材来看,由于编写者在第二语言教学法方面的理念不尽相同,因而在教材的编写上,对于教学内容的选择、练习形式的编排等也会有所差异。如:

注重"认知法"的教材:按照语言点的难易程度和系统性来编排。

注重"交际法"的教材：根据交际功能在实际生活中出现的先后顺序来编排。

注重"听说法"的教材：依据课文内容编排大量重复性、机械性的句型练习等。

3. 课堂教学

即根据不同的教学对象、教学类型、教学内容、教学目标等，确定课堂语言教学的原则、程序，以及方法和技巧。

在对外汉语的课堂教学中，针对不同教学对象的特点与教学的目标等，教师所采用的第二语言教学法也可是各有选择的。如：

对于来自同一个国家或语种，且汉语水平为零起点的学生，采用"语法翻译法"来讲解词汇、语法或课文，不仅利于学生快捷地理解领会，而且也便于师生之间的交流。

对于少儿或能听会说一点儿汉语的学生，那么就可以采用尽量不使用学生母语，注重听、说能力培养的"直接法"。

对于追求实用性或快速见效的学生，则适宜采用"任务型教学法"，通过突出现实情景中的交际性练习来进行教学。

4. 语言测试

即根据不同的教学内容与目标，评价或诊断学生学习的成果及能力等。测试的类别主要有四种：成绩测试、诊断测试、水平测试、学能测试。

在对外汉语教学中，语言测试主要是各教学阶段期中、期末的成绩测试。教师所采用的教学法不同，那么所考察的重点也是会有所侧重的。如：

采用"语法翻译法"、"认知法"：侧重词汇、语法结构，甚至翻译能力的考查。

采用"听说法"、"视听法"：侧重听、说能力的考查。

需要进一步说明的是：

在实际的对外汉语教学中，无论在教学的总体设计、教材编写、课堂教学、语言测试方面，还是在语言要素、语言技能、言语交际技能的教学方面，都是对各类第二语言教学法精粹部分的综合性运用，而并非仅是单纯地搬用某一种教学法。

具体地说，在教学中，教师可能会侧重采用某种较为适宜教学对象、教学目标的第二语言教学法，但实际上还会融合其他第二语言教学法来进行操作。比如：

一个班级里都是汉语基础为零的英语国家学生，那么教师在讲解词汇、语法或课文内容时，为了便于学生理解而可能会以"语法翻译法"为主。但在进而训练学生言语交际技能时，就可能会辅以"听说法"、"交际法"等其他第二语言教学法的操作方式。

第二章 对外汉语课堂教学的特点

在开展对外汉语课堂教学之前,教师必须通盘了解和掌握一些相关的情况,如:学生的特点及其学习的难点是什么;教学的类别与阶段是怎样划分的;教学的内容与课型有哪些;教学的任务与原则是什么等。这样,才能在教学中有针对性地选择适当的语言教学方法,或采取相应的教学措施。

第一节 学生的特点及其学习难点

一、学生的特点

现在,无论在中国还是在海外,都有许多学习汉语的学生。从年龄来看,大多为青年人,但也有少年儿童和中老年人;从身份来看,既有学校的学生,也有公司的职员、家庭妇女等;从语种来看,在一个院校里可能会有使用好多种语言的学生。他们在汉语学习、性格取向、认知方式、以及所采取的学习策略、交际策略等方面都是不尽相同的。以下,对此做一简要的介绍。

(一)在汉语学习方面,学生的情况是各不相同的,例如:

汉语水平不同:有的从未学过汉语,汉语基础为零;有的只学过汉语拼音,或最简单的问候语;有的已学过几个月、几年,甚至十几年汉语;还有的是能听会说一些汉语,但却是不认识汉字的"文盲"。

学习目的不同:有的只要学习日常生活口语,有的仅侧重阅读理解能力的提高,有的主要以通过"汉语水平考试"(HSK)为目标,有的是商贸工作的需要,也有的是对中国文化感兴趣,还有的甚至没有明确的学习动机。

学习风格不同:有的比较活跃,喜欢多听多说,并善于跟别人交流;有的则较为拘谨,或只爱听教师讲授,而羞于自己开口;还有的在回答问题之前,要先用母语或汉语打好腹稿,甚至是写好草稿。

(二)在性格取向方面,大致可分为两种:

一种是属于"沉思型"性格取向的学习者,他们常会在认真思考、细致分析后,再做出反应。

另一种是属于"冲动型"性格取向的学习者,他们在学习上常表现为积极活跃、反应快捷、宁错也不等。

（三）在认知方式方面，可归纳为两类：

一类是"场独立性"较强的学习者，他们看待事物倾向于以微观为基点，善于对整体中的各部分做出分析。在学习上，他们对语言的分析能力较强，并适宜在课堂环境中有意识地学习语言。比如，在成人或亚洲学生中，具有这类认知方式倾向的学习者就较多。

另一类是"场依存性"较强的学习者，他们看待事物倾向于从宏观上着眼，善于从整体出发来对待事物。在学习上，他们的语言交际能力较强，并擅长在自然环境中下意识地习得语言。比如，在少儿或欧美学生中，具有这类认知方式倾向的学习者就较多。

（四）在学习策略方面，学生的表现是各种各样的。

"学习策略"是指：学生为掌握语言知识，发展语言技能，或解决学习中的问题而采取的方法、技巧与措施。归纳起来，可分为两类：

一类是"认知学习策略"，主要包括四个方面：

1. 求解：即学生通过各种学习办法，寻求对新知识的理解和解答。如：查词典了解词义；要求教师举例说明语法规则，或辨析近义词语等。

2. 推理：即学生通过对已有知识和新知识的比较、分析、推理、归纳等过程，获得与掌握新的语言知识。

3. 实践：即学生通过大量的练习或言语交际活动，在实践中学会使用新的语言知识。如：采用模仿、重复、运用等手段学会使用外语。

4. 记忆：即学生通过笔记、诵读、复述、复习等学习方法，设法记住所学的语言知识或语言材料。

另一类是"元认知学习策略"，主要包括四个方面：

1. 计划：即根据应达到的学习目标，制定自己学习的计划。如：课前预习课文内容，以确定学习中需注意的语言重点或难点等。

2. 监控：即在进行听、说、读、写之前或之后，都设法自我监控理解和表达的正确性。如：请老师听自己的发音是否准确，请别人纠正自己语言表达中的词汇、语法错误，或自己将听前预测的内容与听后的实际内容进行对照等。

3. 评估：即根据测试等反馈的信息，评估自己的学习水平，或运用学习策略的成效。如：根据考试结果发现自己学习中存在的问题，或通过与他人学习策略、学习结果的对比找出互相之间的差异，从而取长补短，提高自己学习的效率。

4. 调节：即根据评估的结果，调节自己使用的学习策略。如：对学习中存在的不足之处采取弥补措施，从而改进自己的学习方法等。

需要说明的是：

在实际教学中，我们常可发现有些学生不会或不善于采取一些学习策略。如：有的羞于通过提问来求解，有的并不擅长分析和推理，有的缺乏良好的计划意识，有的不善于评估或调节自己的学习策略,还有的因学习层次高于现有汉语水平而难以实现自我监控,等等。

因此,如何指导学生具备良好的"认知学习策略"和"元认知学习策略",应该是教师在教学中关注的一个问题。

(五)在交际策略方面,学生所采用的策略也有多种类型。

"交际策略"是指:学习者为了能顺利地进行言语交际活动,而有意识采取的各种方法或技巧。

通常来说,学生在语言交际中遇到障碍时(如:语言知识不能应付交际的需要,或缺乏特定的语言表达手段来表述自己的意思),就可能会采用各种类型的交际策略。例如:

减缩类:如回避某一话题,或放弃某种意思的表达;简化所学目的语的结构形式(如:采用不完整主谓句的表达形式)。

替补类:如采用母语来替代要表达的意思,或在使用所学的目的语中夹杂一些母语来补充表达。

迂回类:如难以表达清楚某一词语的意思时,就用熟悉的近义词来表达,或用一段描述来迂回地进行说明。

此外,学生在交际中遇到困难时,还会采用其他一些交际策略。如:使用手势、动作等体态语来说明;通过停顿、眼神来示意对方帮助;要求对方重复或进一步解释;根据语境来猜测或推导对方话语的语义等。

应该说,学生在学习外语的过程中,因语言水平有限而使用一些交际策略是正常的,或者说是难以避免的。从另一个角度说,这也是学生发展其语言交际能力的体现。

二、学生学习的难点

外国学生(尤其是初学者)在学习汉语的过程中,肯定会遇到不少困难。仅以汉语语言要素的学习来说,其中有些对某个国家或语种的学生来说是难点,而有些对任何国家或语种的学生来说都可能是难点。

例如,在语音方面:

日本学生不容易将"F、R、E、U"等音发好,常会把"F"发成"H",把"R"发成"L";韩国学生常会将"平舌音"发成"翘舌音",如把"Z"发成"Zh";母语是英语的学生则易将"J、Q、X"和"Zh、Ch、Sh"混淆起来。

又如,在语法结构顺序方面:

日本学生常会说"我新闻十分钟听了"(用日语中表达时量的语序:表时量词+动词);韩国学生常会说"昨天我商店去了"(用韩语中的基本语序:S—O—V);母语是英语的学生常会说"我们上课八点"(用英语中时间状语可在句尾的形式)。

以上这些偏误现象的产生,往往是学生受母语负迁移影响而造成的,并会形成其学习汉语语音或语法结构顺序的难点。

再如,汉字对日本、韩国的学生来说并不是太难,但是对来自"非汉字文化圈"的学生(如欧美国家的学生)来说,却是一个很大的障碍。

此外,还有一些难点是各国或各语种学生都难以掌握的。比如:语音中的声调、轻声、儿化、语流变调;词汇中的近义词、同音词、多义词、成语、惯用语;语法中的语序、虚词、量词、各类补语、"把"字句等特殊句式,都是他们在学习汉语中的难点。

基于上述,在教学中,教师就要善于分析学生的个体差异,从而针对不同的情况采取相应的教学方法或措施。同时,也要在掌握学生学习共性的基础上确定教学的重点和难点。

第二节 教学的类型与阶段

一、教学类型

不同的教学类型适应于不同的教学对象,其在教学目标、教学原则、课程设置、教学内容、教学方法等方面的规定也是各不相同的。

中国对外汉语教学的类型,根据教育性质、教学任务、教学时限、教学组织形式的不同,主要分为"非学历教育"和"本科学历教育"两大类型:

(一)非学历教育

分为三种类别:

1. 汉语长期进修教学:学习时间短则半年,长则几年,可由学生自由选择。
2. 汉语短期强化教学:学习时间短则一周,长则两三个月,但以四周为多。
3. 汉语预备教育教学:教学对象为准备在中国高等院校学习某些专业的留学生,开设的课程不但有汉语,还有一些专业方面的,以便他们入系后能顺利地进行专业学习。

(二)本科学历教育

现有两种类别的专业:

1. 汉语言专业:根据学生需求的不同,各院校可在该专业下设置不同的学习方向,如:汉语教育、商务汉语、旅游汉语等。
2. 中国语言文化专业:根据学生需求的不同,各院校也可在该专业下设置不同的学习方向,如:中国文化、语言文化等。

本科学历教育的学制为 4 年,修满规定课程的学分,并通过论文答辩(许多院校还要求学生的 HSK 成绩达到 8 级),可获得中国教育部颁发的学士学位。

了解对外汉语教学的类型,对于教师在教学中采用何种语言教学法是有所帮助的。例如:在汉语长期进修教学或本科学历教育中,可综合采用"听说法"、"视听法"、"认知法"等语言教学法;在汉语短期强化教学中,采用"交际法"、"任务型教学法"则易快速见效,且实用性较强。

与上述教学类型/类别相关的资料,可参考国家汉办制定的相关大纲[①]。

在这三类大纲中,对各类别的教学对象、教学目标、教学原则、教学内容、等级结构等都做了明确的规定和说明,并对规范对外汉语教学具有指导性的作用。

二、教学阶段

在不同的教学类型/类别中,各院校都可按照学生的汉语水平、教学目标、教学时限等划分出相应的教学阶段。这里,主要介绍"汉语长期进修教学"这一类别的教学阶段。

从中国各院校对外汉语教学的现状来看,在此类别中,大多划分成三个等级的教学阶段:初级阶段、中级阶段、高级阶段。

在此基础上,为了能满足不同汉语水平学生的需要,在各教学阶段中再分出两个等级的较为多见,即形成三等六级:初等1级、初等2级;中等1级、中等2级;高等1级、高等2级。

至于究竟应该划分为几个教学阶段或多少个等级,并没有统一的规定。如:有的院校在教学阶段的划分上还细分出入门阶段、准中级阶段、准高级阶段;有的院校则将教学等级分为10级,甚至12级;有的院校由于一些新生已学过汉语拼音和少量日常用语,进入零起点的初等1级会造成重复学习的情况,但又达不到进入初等2级学习的水平,因此将初级阶段分为初等1级、初等2级、初等3级这三个等级,让这些学生进入其中的初等2级学习。

在开展对外汉语课堂教学前,教师应详细地了解所在院校制定的教学阶段,以及各教学等级的划分依据(可视作学生进入某教学等级学习的参考标准)和教学目标。这样,才能做到心中有数,有的放矢地采用适当与合理的教学方法。

下面,以一些院校所制定三等七级(初等1级、初等2级、初等3级;中等1级、中等2级;高等1级、高等2级)的教学等级划分依据及教学目标为例,做一简要

[①] 国家对外汉语教学领导小组办公室编,《高等学校外国留学生汉语教学大纲》(长期进修),北京语言文化大学出版社,2002。
国家对外汉语教学领导小组办公室编,《高等学校外国留学生汉语言专业教学大纲》,北京语言文化大学出版社,2002。
国家对外汉语教学领导小组办公室编,《高等学校外国留学生汉语教学大纲》(短期强化),北京语言文化大学出版社,2002。

介绍:

☆教学等级的划分依据

初等1级

没有学过汉语拼音和汉语基本语法;不能认读汉字,或只认识极少的汉字;词汇量为零,或在50个以下;不具备最基本的听、说、读、写能力。

初等2级

学过汉语拼音,词汇量在100—300个左右;学过的基本语法项点在40个以下;会说最简单的问候、自我介绍类的句子。

初等3级

词汇量在1000个左右,学过大约100个左右的基本语法项点;能运用所学汉语连句成段,会说基本的日常生活、学习用语;能阅读内容简单的课文材料;能书写200字以下的请假条、书信、记叙文等。

中等1级

词汇量在2000—2500个左右,学过大约150个左右的语法项点,基本上学完初级汉语阶段的全部语法;能阅读内容简单的社会文化方面的材料;能进行日常社交会话;能写出500字左右的短文。

中等2级

词汇量在2500—4000个左右,学过大约250个左右的语法项点;能阅读内容不太复杂的多种题材和体裁的中文材料,并大致了解当今中国社会概况;能就课文中的话题展开讨论,较完整地表达自己的观点和想法;能写出1000字以上的作文。

高等1级

词汇量在4000—5000个左右,学过大约450个左右的语法项点;能读懂报刊上的一般性新闻、较浅显的科普文章;能就一般性社会文化话题展开讨论,进行成段表达;能书写常见的应用文,语篇较为连贯,表达较为准确。

高等2级

词汇量在5000—6000个左右,学过大约600个左右的语法项点;能阅读内容较复杂、语句结构较难的各种文章;能写出句式较为多样、用词较准确的作文;具有记录听课、报告和交谈内容要点的能力。

☆初等、中等、高等阶段的教学目标

通过在初等阶段三级里的学习,共能掌握2000—2500个左右的词汇、150个左右的语法项点。

听力能力:能听懂基本的日常生活、学习用语(语料语速为每分钟120—

第二章 对外汉语课堂教学的特点

140字)。

口语能力：能较自如地在社交活动中表达思想，发音基本准确。

阅读能力：能阅读简单的社会文化方面的材料(阅读速度为每分钟90—110字)。

写作能力：能书写简短的便条与书信，以及500字左右的短文。

通过在中等阶段两级里的学习，共能掌握4000—5000个左右的词汇、450个左右的语法项点。

听力能力：能听懂日常社交中正常语速的话语(语料语速为每分钟180字)。

口语能力：能就一般性社会文化话题展开讨论，进行口头成段表达。

阅读能力：能阅读浅显的报刊新闻或科普文章(阅读速度为每分钟120—150字)。

写作能力：能书写常见的应用文和一般性文章，语篇较为连贯，表达较为准确。

通过在高等阶段两级里的学习，共能掌握7000—8000个以上的词汇、900个左右的语法项点。

听力能力：能听懂语速较快的讲话，或电台、电视台播送的新闻类节目。

口语能力：能用较复杂的词汇和句式自如、完整地表达思想，语句连贯，表达得体。

阅读能力：能阅读内容与语句较难的文章或文学作品(阅读速度为每分钟200—260字)。

写作能力：能书写文体、句式较多样，用词较准确的记叙文、应用文、议论文等。

第三节 教学的内容与课型

一、教学内容

对外汉语课堂教学的内容，通常包括三大方面：

1. 语言要素的教学，主要是语音、词汇和语法。如果学生是来自非汉字文化圈的国家，那么就还涉及到汉字的教学。

2. 语言技能的教学，包括听、说、读、写。其中，自然还涉及到言语交际技能方面的训练，即培养学生能根据交际语境得体地进行表达，并具有应变调整的能力。

3. 文化方面的教学,可分为"语言文化"和"知识文化"这两个范畴。前者属于"对外汉语语言教学",主要是指跟语言理解和表达相关的文化因素,即蕴含在汉语词汇、语法、语用系统中,反映汉民族心理模式、思维方式、价值观念等方面的语言文化;后者则是属于"对外文化知识教学",如:中国概况(历史、地理、民族、风俗……)、当今中国基本国情(政治、经济、教育、医疗……)等方面的知识文化。

至于各教学类型/类别、各教学阶段/等级中的教学内容,以及语言要素、语言技能或文化方面教学的目标和要求是什么,各院校的情况也是不尽相同的。有的主要是依据上述国家汉办制定的教学大纲来制定的;有的则是在参考各类教学大纲的基础上,结合本院校的教学实际情况来确定的。

二、课型设置

从中国各正规院校对外汉语教学的课型设置来看,语言技能课通常是教学体系中核心的课程。由于语言技能的培养不外乎"听、说、读、写"这四种,因此语言技能课的设置主要就是"听力课、口语课、阅读课、写作课"这四大类课型。

对于设置这四大类课型的好处,对外汉语学界的共识可归纳为两点:一是有利于学生各种语言技能的均衡发展;二是可满足一些学生的特殊需求来侧重训练某种技能。

在各大类课型中,又可设置不同的课程。如"阅读课"可设置:精读课、泛读课、文学作品欣赏课等。又如,"听力课"可设置:新闻广播听力课、汉语实况听力课等。

需要说明的是:

1. 在各教学类型/类别中,并不一定都设置这四大课型。比如,在"汉语短期强化教学"中,就不一定要设置这四大课型。通常来说,各院校是根据学生需求或学习时限来确定课型选择的。

2. 由于各院校的教学模式不同,因此在课型/课程的设置和分类上是不尽相同的,大致可归为以下两种:

第一种:阅读课(分为"精读"和"泛读"两大类)+口语课+听力课+写作课

第二种:综合课+分技能课

在以上第二种中,"综合课"是主干课程,即综合语言要素知识、语言基本技能、言语交际技能,以及相关的文化知识,对学习者进行综合性的语言训练。同时,在语音、词汇、语法、汉字等方面,为听力、口语、写作等课程的学习起"铺路"的作用,即其他课程中出现的词汇、语法及课文内容等都始于综合课,并围绕综合课中出现的新内容进行专门的技能训练。"分技能课"则是在学习综合课的基础上,专门训练某项语言技能的课程,大致可分为以下几种:

(1) 单项技能的课程,如:精读课、泛读课、听力课、口语课、写作课……

(2) 几项技能结合的课程，如：听说课、读写课、视听说课……
(3) 专门目标的课程，如：HSK 辅导课、应用文写作课、报刊阅读课、新闻听力课、商务汉语课、旅游汉语课、科技汉语课、汉外翻译课……

此外，从各院校目前所开设的课程来看，还有一些文化类、历史类、文学类、艺术类、经济类的课程，例如：

文化类：中国哲学、中国民俗、中国人文地理、中外文化交流……
历史类：中国古代史、中国近代史、中国现代史……
文学类：中国古代文学史、中国戏曲、中国小说史……
艺术类：中国文化与艺术、中国书法、中国文物鉴赏……
经济类：中国涉外经济法、中国对外贸易……

至于究竟要开设哪些方面的课程，各院校通常都要视教学的类型、教学的阶段，以及学生的需求等情况而定。

第四节　教学的任务与原则

一、教学任务

对外汉语教学的任务，就是培养学习者运用汉语进行交际的能力。换言之，这也是对外汉语教学的总目标。这就涉及到语言要素、语言基本技能、言语交际技能，以及相关文化方面的教学。其中，需要特别指出的是：

（一）在课堂教学中，对学习者母语的语言教学通常是从读和写开始的，并在其形成较全面语言技能的基础上，进行更高层次的能力培养，如使学生具有较强的语篇分析能力、写作能力，或较高级的文学欣赏能力、演讲能力等。

应该说，这种更高层次的能力培养是母语教学的任务，而不是第二语言教学的主要任务。

因此，尤其是在对外汉语教学的基础阶段，一般不会开设中国文学名著选读、诗词欣赏，或中国历史、哲学等文史哲类的课程，教师也不宜多讲属于对外文化知识教学范畴的"知识文化"。从对外汉语基础阶段的教学实践经验来看，这些课程的设置或内容的讲授都是不太适宜的，不仅对学生汉语交际能力的形成影响甚微，而且也会因学生难以看懂或听懂而导致教学效率低下。

（二）对外汉语教学中的文化教学，其重点应是上述属于对外汉语语言教学范畴的"语言文化"，即跟语言理解和表达相关的语言文化因素。下面，对蕴含在汉语语法结构、词汇语义、语用表达系统中，反映汉民族心理模式、思维方式、价值观念等方面的语言文化做一简要说明：

1. 语法结构文化

语法结构文化是在词、短语、句子等构造中体现出来的文化特点,并能反映出一个民族的心理认知模式。以汉语"存现句"中"桌子上有一本书"这句话的语序为例,就与英语的语序有所不同:

汉语	英语
处所词+有+名词	There+Be+NP+place
桌子上 有 一本书	there is a book on the desk

从人类认知的倾向来说,通常是把事物的整体或较大的物体作为"背景",而把事物的局部或较小的物体作为"目标"。然而,从以上这句话的比较中可以看到,在汉语和英语中,"目标"和"背景"的语法结构顺序是有所不同的,即:

汉语是从大的"背景"到小的"目标"(先说大的"桌子",再说小的"书"),英语则是截然相反的,是从小的"目标"到大的"背景"(先说小的"书",再说大的"桌子")。

又如,在空间和时间的表达上,汉语也是从大到小。如地址的顺序是:国家→省市→区县→路名→楼号→房间号;时间的顺序是:年→月→日。但在英语中,却是从小到大的。

这些不同语言在语法结构顺序上的不同,都反映出了不同民族在心理认知模式、思维特征上的差异。

2. 词汇语义文化

在汉语词汇语义系统的构成中,也具有丰富的社会文化涵义,能反映出汉民族独特的思维特征、伦理思想或社会现象等。

例如,在汉语的构词方面,由意义相对或相反的语素构成的并列式合成词"阴阳、得失、甘苦、始终"等,就反映出了汉民族的辨证思想;而"男女"、"夫妻"、"父母"、"姐妹"、"国家"等词语先后顺序的固定,则反映出了汉民族中"男尊女卑",或"长幼、尊卑有序"的伦理思想。

又如,在汉语的名量词中,大多有对与其搭配的名词进行形象描写的作用。如"张"用于平面或展开物;"条"则用于细长或可弯曲物。汉语中的一些动量词,对与其搭配的动词也有同样的功能,如"一下"给人短暂或随便的感觉,"一番"给人的感觉则是费时或费力。诸如此类,都反映出了汉民族具有形象性思维的特征。

再如,汉语中有一些因心理联想而产生的具有象征、比喻义的词语,如"松、鹤"象征长寿,"红豆"象征爱情,"手足"比喻兄弟之情。还有因社会意识而附加了民族文化观念的词语,如"红"有喜庆吉祥的意义,"白"则表相反意。这些,也都折射出了汉民族心态特征的文化内涵。

此外,还有不少因中国特定社会文化背景而产生的词汇,它们很难用外语来对译,即使有些能做近似的翻译,但也难尽其义。其中,有些是反映历史事件或时代特点的,如"大跃进、文化大革命、知青、个体户、计划生育、超生、离休、特区"等;有些是反映政治内容或思想意识的,如"思想进步"中的"进步"、"先进党员"中的"先进"等;有些是反映民俗现象或精神文化的,如"气、风水、黄道吉日"等;而在成语、惯用语等中,其词汇语义的文化内涵就更丰富了。

3. 语用表达文化

所谓语用表达文化,是指社会言语交际中的文化规约。汉民族的心理特征、思维方式、社会习俗等,也体现在语用表达文化之中。

比如,中国人听到别人称赞自己时,常用"哪里,哪里",或"不敢当"、"你过奖了"之类谦虚的说法来回应别人的赞美。

又如,在请客送礼上,即使做了一大桌子菜来招待客人,也往往会说"不好意思,没什么菜……";拎着许多礼物送给别人,却说"东西不多,只是一点儿小意思"。

再如,虽然想表示拒绝,却又不好意思直接说,就用含糊其词的说法"我再想想"、"我再考虑考虑"等。

在传授汉语语言知识和训练语言技能的同时,让学生理解各种语用文化因素对社会交际的规约性,对帮助他们正确地使用汉语来交际是非常重要的。否则,学生在跨文化的交际中,就很可能会造成一些语用上的失误。

比如,某个留学生知道一位老师的妻子去世了,便说:"听说你的<u>老婆</u>前天死了,唉!像她<u>这种女人</u>怎么会……?"(原本是想表示遗憾的,结果却让老师听了很不开心)

又如,某个留学生在把一顶绿颜色的帽子送给一位已婚的男性中国朋友时说:"这顶<u>绿帽子</u>送给你,你喜欢吗?"(这让朋友觉得很尴尬,难以泰然地接受)

再如,某个留学生在饭店吃饭时,见到一位认识的老师进饭店来了,便说:"<u>什么风把你吹来了?</u>"(这种对熟朋友不期而至所用的询问性招呼语,让老师听了难以反应过来)

诸如此类不得体的说法,问题就出在不了解汉语中的语用表达文化,从而造成了言语交际中的失误。

(三) 从更深的层次来说,要培养学生具备运用第二语言进行交际的能力,语言教学的任务就不仅关系到掌握语言系统,而且还涉及到指导学习策略,传授交际策略,以及培养思维能力等多个方面,对此,可参考陆效用(2001)的一篇论文[①]。

在这篇论文中,介绍了美国制订的《21世纪外语学习目标》(Standards for Foreign Language Learning in the 21st Century)。

从该学习目标中提出的理念和做法来看,对于明确对外汉语教学的任务也是

[①] 陆效用,《美国21世纪的"5C"外语教学》,载《外语界》,2001年第5期。

具有借鉴、启迪作用的。以下,对此做一简要介绍:

为了提高美国学生的外语能力,以适应当代经济全球化的需要,美国教育界和外语界耗时六载,制订出了《21世纪外语学习目标》(1996年初版,1999年再版),主要适用于幼儿园、小学、中学的外语教学(即从K—12年级),并共有9个语种的具体学习目标。

该学习目标被誉为美国21世纪外语教育改革的灯塔和指导方针,并体现了当代最新的语言习得理论。其中,将外语学习目标共归纳为相互依赖、相互促进的"5个C":

1. Communication(交际),即能运用外语进行交际。主要体现为:学生能运用外语参与对话,能与他人就广泛的话题交流思想或表达情感。

2. Cultures(文化),即能进行文化沟通。主要体现为:学生能了解目的语文化方面的实质,能运用目的语文化的表现形式来表达观念。

3. Connections(关联),即能融合其他学科的相关知识。主要体现为:学生能通过外语充实相关学科的知识,利用外语及其文化获取相关的信息。

4. Comparisons(比较),即能比较不同的语言和文化。主要体现为:学生能具有对所学外语及其文化本质的洞察力,能比较目的语与本国语在语言、文化上的差异。

5. Communities(社团),即能将外语应用于社团活动。主要体现为:学生能用外语参与多种语言社团活动,并能在校内外都使用外语。

基于这5个C的理念,《21世纪外语学习目标》强调,在外语课堂教学中,教师的教学任务应包括以下几个方面:

(1) 讲授语言内容:不仅要教语言要素知识,而且还要让学生掌握手势语和其他非言语交际形式,或话语的风格等。

(2) 指导学习策略:帮助学生学会采用某些策略来改进学习,提高应用能力。如怎样通过预习事先安排学习计划,怎样根据课文进行推理,如何做到自我监控等。

(3) 传授交际策略:指导学生掌握某些交际策略,以弥合因缺乏语言知识所造成的交际障碍,保证交际活动的进行。如怎样迂回表达,如何根据语境来推导语义等。

(4) 接触文化内容:帮助学生了解人们的日常生活、社会礼俗、一般价值观,以及当今或历史上的重大事件,或具有重要意义的文艺作品等。

(5) 融合其他学科:选择自然科学、社会科学或艺术等方面一些有趣的知识,让学生阅读资料,或组织讨论,以通过扩大知识面来提高学生的语言水平。

(6) 培养思维能力:训练学生严谨的思维能力,使学生具有基本的识别能力、较高层次的分析和解决问题的能力,并能对交际的成效进行反思和评估。

(7) 使用现代技术:让学生接触和使用新技术,如计算机多媒体辅助教学、国际互联网的使用等,以此了解目的语国家的各种情况。

从目前对外汉语课堂教学的情况来看,教师所制定教学任务的重点大多是在语言方面,而在指导学习策略、传授交际策略,以及培养学生思维能力等方面是较为欠缺的,但这些方面的教学任务又确实是需要重视的。因此,对于怎样在各教学类型/类别、各教学阶段/等级、各课型/课程中实现这些方面的教学任务,是值得进一步深入探索的。

二、教学原则

关于汉语作为第二语言教学的教学原则,也已有不少学者进行过论述。将目前学界较为一致的共识归纳起来,教学的"基本原则"主要为四点:

1. 培养学生运用汉语进行交际的能力。
2. 以学生为中心,教师为主导。
3. 结构、功能、文化相结合。
4. 运用不同的课型训练不同的语言技能。

此外,在开展对外汉语课堂教学中,要贯彻落实这些基本原则,教师还尤须重视以下几个方面的"具体原则":

(1) 精讲多练

所谓"精讲",就是要筛选出最重要的内容,并言简意赅地进行讲解。如运用特定的情景,或直观的教学手段(如:图片、图表、简易画、多媒体课件,或体态语言等)来讲解词汇或语法。在讲解中,应尽量少用语言学术语,并不宜过多地采用词典式的定义性说明。

所谓"多练",就是要为学生创设良好的语言交际环境,并采用各种操练方式,尽量让学生多听、多说、多读、多写,从而使之能将所学的"语言知识"转化为"语言技能",并逐步培养起创造性运用汉语进行交际的能力。

至于"讲"和"练"的比例到底是多少,并没有严格的规定,需要视课型、教学目的、学生的汉语水平等情况来定。一般来说:

在口语课或听力课上,"讲"和"练"的比例应在 3∶7 左右。
在阅读课或写作课上,"讲"和"练"的比例应在 5∶5 左右。

这样做,也是教学"以学生为中心"的体现。可以说,在对外汉语各门课程的教学中,关键就是要善于做到精讲多练。能否做到这一点,也可视作衡量教师业务功底、教学能力的重要标准之一。

(2) 机械性操练和运用性训练相结合

所谓"机械性操练",就是要让学生通过模仿、重复等方式来反复感知、记忆、巩固所学的语言知识,如做"替换词语"、"句型转换"等练习。

将"机械性操练"与"运用性训练"(造句、对话、复述、讨论、写作文……)相结合,可形成一个相互作用的学习行为反应链,更利于培养学生创造性运用汉语的能力。

(3) 循环往复

所谓"循环往复",就是要在教学内容循序渐进、扩展深化的情况下,不断加强所学知识的重现率。这是因为人脑短时记忆是以迅速遗忘为特征的,在一般的情况下,人的遗忘递减率每天约为50%,即在24小时之内忘掉50%,第二天又忘掉剩下50%里的50%。在语言学习上,要防止遗忘,就必须增加复现的频率,这样才把信息牢固地贮存在长时记忆中。

因此,在教学中,教师必须想方设法提高语言知识的重现率。否则,学生学了后就忘,就谈不上获得良好的学习效果了。

需要说明的是:从现行的对外汉语教材来看,其中有些教材内容的编排并没有考虑到这一点。比如,有的教材在第一课出现的生词、语法点,不仅在第二课中见不到,而且在后边所有的课文中也都不再重现。对此,就需要教师自己想办法来增加其复现的频率。

(4) 加强互动

在教学中,教师应以各种互动性活动来调动、激发学生的学习热情,使他们始终能在兴奋的状态中发挥出主动能动性和创造性。

在实施互动性活动时,需要特别注意的是:应在重视个体差异的基础上,使学生"人人受益"。即教师不能只关注那些积极活跃的学生,或仅给予他们较多的练习机会,而冷落了其他性格内向或不善言辞的学生。因为这不仅关系到能否建立良好的课堂教学氛围,而且也体现出是否尊重每个学生的学习权利。如果没有处理好这一点,那就难免或势必会引起学生的不满,或认为教师没有公平地对待每一位学生。

(5) "听、说、读、写"有机结合

在语言交际能力的训练中,"听、说、读、写"这四种技能并不是孤立的,而是相互依存、相互促进、综合运用的。因此,在各类课型的教学中,教师采取"听、说、读、写"相结合,使学生耳、眼、口、脑各种器官协同工作的方式,不仅可以取得较理想的教学效果,而且形式的多样化也能使课堂气氛更为活跃。

需要强调的是:在各类课程的教学中,教师如果要采用几种技能相结合的方式,仍需突出所教课型的特点,并要在教学时间、知识数量等方面做出合理的安排。比如,在口语课中,虽然也可穿插听或读的内容,但绝不可喧宾夺主,即大部分时间应安排给学生开口说。

更值得一提的是:无论基于哪种教学原则,或采取何种教学方式,教师都要想方设法提高教学的趣味性。学生觉得有趣味,才会对汉语产生兴趣,才能持之以恒地学下去。否则,教学效果是肯定会成问题的。

第三章　对外汉语课堂教学的设计

第一节　教学计划的制订

在开展各类课程的课堂教学之前,教师必须认真备课,制订出周密的教学计划。这首先就涉及到对教学对象的了解,对教材内容的分析,以及对教学方法的选择。

一、对教学对象的了解

在第二章中,已介绍过学生在汉语学习、性格取向、认知方式、学习策略、交际策略,以及学习难点等方面都是有所差异的。因此,在开展课堂教学前,教师应设法了解所教班级学生的情况,力求做到因人而异,因材施教。然而,需要说明的是,这并非是一件轻易就能做到的事,原因主要有二:

一是学生的来源不同。如果是在一个院校里继续延长学习汉语的老同学,那么教师是有可能知道他们的汉语水平和学习特点的;但如果是新同学的话,在教学前就很难摸清他们的汉语起点状况或其他学习方面的情况。

二是学生的汉语水平不同。目前,从中国许多开展对外汉语教学的院校来看,将学生分入某个教学等级的做法大致有几种:或是根据学生参加某种汉语水平测试的成绩,或是依据学生学过多长时间的汉语,或是参考学生面试时的情况,甚或是让学生自由地选择。无论用哪种做法,都不一定能准确地测量出学生真正的汉语水平,也难以根据学生实际的汉语程度来分班。因此,在同一个班里,学生汉语水平参差不齐的现象是很难避免的。

尽管如此,教师还是应该尽量做一些摸底的工作。比如,查阅学生报名登记表中的有关信息,分析学生参加某种汉语水平测试的结果等。这样,可根据学生大致的情况与所用教材,先定出一个较为折中的教学计划。然后,在教学中再按照学生的实际情况逐步做出调整。

二、对教材内容的分析

从中国对外汉语教学的现状来看,各院校教师在接受某种课程的教学任务时,其教材的选择通常是由主管教学的院、系负责人确定的,很少是由教师自己选择的。但不论是谁选择的,教师在制订教学计划时,都应对教材内容进行详尽的分

析,事先做好以下几项工作:

（一）了解教材的编写思想

一般来说,教材作者的编写思想会在"前言"或"绪论"中阐明。对此进行认真的阅读,可有助于了解教材的特点,从而有针对性地开展课堂教学。

比如,在教学的任务和目标方面,是着重训练学生的某种语言技能,还是全面培养学生听、说、读、写的能力。

又如,在采用的语言教学法理念方面,是以学习系统的语法知识为主,还是功能和结构相结合。

再如,在确定词汇、语法的范围和数量方面,是依据国家汉办编写的各类词汇、语法大纲,还是按照课文的情景、功能或文化内容自行选择的。

此外,在训练学生语言交际能力的方式上,是只进行创设特定情景的运用性操练,还是机械性操练与运用性练习相结合,等等。

（二）熟悉教材的编写体例

在制订教学计划前,教师还需分析教材体例的构成。即应对其中课文、生词、语法点与注释、练习内容的组合,以及篇幅长短、编排顺序的构思等做到心中有数。例如:

* 生词方面:要知道生词的数量,以及对生词所标注的词性、义项与释义方式。
* 语法项目:要了解语法项目的数量,以及对语法项目进行展示或解释的形式。
* 注释部分:要摸清所注释的生词、语法,或文化知识等方面的内容有哪些。
* 练习内容:要掌握练习的形式有几类,操练的重点是什么,题量又是多少。

又如:要了解课文内容与练习部分的篇幅长短是多少;生词、语法、课文等方面的编排顺序孰前孰后,等等。这样,才能在教学中掌握好教学的重点,安排出合理的教学进度。

（三）确定教学的重点和难点

以一篇课文为例,其内容往往会涉及到许多方面,可能既有语音、词汇、语法等语言要素方面的知识,又有文化背景知识的介绍等。在教学中,如果教师对各方面的内容都平均地使用力量,那么不仅教学时间可能不够用,而且学生也难以一下子接受、理解和消化那么多的信息。因而,能否合理地确定教学的重点或难点,就直接关系到教学的有效性与任务目标的实现。

通常来说,教师确定教学"重点"时,可主要考虑以下几点:

1. 学生没有学习过,并是基础性的知识。

如:学生已学过用"有"和"没有"作谓语的"有"字句,以及用"吗"的是非疑问句,那么新课中所出现的正反疑问句形式"有没有"就应是重点。

2. 学生在学习或运用汉语时,易受母语负迁移干扰的。

如:英语的形容词谓语句中要用系动词 be,因此来自英语国家的学生常会把"我很忙"说成"我是很忙"。但是,在汉语的形容词谓语句中,用不用"是"却是有条件限制的。

3. 具有同一表达功能,但需根据语境来选择的语句。

如:同为表达"感谢"这一功能的话语,在不同的语境中就有"谢谢"、"给您添麻烦了"、"真不知道怎样感谢您才好"等多种表达法。

至于教学"难点"的确定,教师可主要考虑以下几点:

1. 学生可能较难掌握的语法形式,或难以辨清而产生混淆的。

如:汉语中的"把"字句,就是学生较难掌握的。又如"以为"和"认为"是一组近义词,但它们在意义和用法上却是有所差异的。

2. 学生不熟悉,或可能难以理解的"语言文化"。

如:在第二章(第四节)中介绍的一些因心理联想而产生的具有象征、比喻义的词语,或各种因中国特定社会文化背景而产生的词汇。

3. 学生在口头表达或书面表达中,常常容易产生偏误的部分。

如:有些学生在使用汉语时,对于一些语法结构形式总是掌握不好,屡次三番地出错,并较难纠正,这就必定是一个难点。

需要进一步说明的是:

1. 教材中的重点不一定是学生学习的难点,而学生学习的难点也不一定是教材中的重点。比如,"可能补语"肯定是教学的重点,但学生在学习"对不起"、"听不懂"这些语句时能一学就会,丝毫不会觉得困难。又如,有些近义词并未在教材中列为重点,但学生在学习中却会因辨析不清而感到疑惑。因此,教师在制订教学计划时,应事先分析清楚教材中的教学重点是什么,或对教学的难点做出一些预测或准备,以便及时调整教学的措施。

2. 了解教材的指导思想,分析教材的内容,确定教学的重点和难点,都只是必做的基础性工作。实际上,所选择的教材与所确定的教学重点或难点,要完全符合课堂教学的要求,或完全适合班级中所有学习者的情况是不太可能的。根本原因就在于:一是可能会受到教学时限的制约,二是学生的汉语水平往往参差不齐。

3. 教师在制订与落实具体的教学计划时,也可以根据教学实际情况对教材的内容进行调整或增删。

比如,学生即将要去旅游,那么就可考虑在学生接受能力允许的范围内,调整课文编排的顺序,提前讲授有关旅游的课文。

又如,在某一教学等级教材中所列出的生词或语法,有的是学生早已就学过的,那就可删减;有的并未在教材中列出,但却可能是学生学习的难点,那就可适量增加。

再如,在"课文"及其"练习"部分中,有些对学生来说是很实用的词语没有出现,那就可考虑适量补充。

4. 如果有与所教课程配套的其他课程(如：所教的是阅读课,配套的课程有口语课、听力课、写作课),那么就还要了解这些课程教材中的情况,通过对比来确定教学的重点或难点。

三、对教学方法的选择

在对外汉语教学过程中,教师不但要让学生易于理解课文内容,顺利掌握和应用所学的语言知识,而且还要善于运用多种活动形式来活跃课堂气氛,尽量做到教学过程的交际化。这些,都涉及到对具体教学方法的选择。

具体地说,教师在制订某一课程的教学计划时,除了可吸取上述各类第二语言教学法流派中有益的理念和做法以外,还需认真考虑以下几个方面的问题：

1. 采用何种方式导入学习内容

例如：首先是介绍与课文内容相关的背景知识,还是使用某种教具先行展示新出的词语,抑或是从学生感兴趣的话题引入课文,等等。

2. 教学的各环节怎样过渡衔接

例如：是从生词的讲解过渡到课文的学习,还是先阅读课文再讲练词汇、语法,抑或是先复习旧课再引进新课,等等。

3. 如何展示与讲授语言知识

例如：在词汇教学中,是用图片、实物、动作等直观法来展示和讲授,还是让学生自己查词典。又如,在语法教学中,是用先呈现规则再举例证的演绎法,还是用先呈现例证再概括规则的归纳法等。再如,在讲解语言知识时,是沿袭粉笔加黑板的传统模式,还是采用具有情景性并充满动感的多媒体辅助教学手段,等等。

4. 设置何种情景进行操练

例如：是创设特定交际情景让学生分组对话,还是给出话题让学生展开讨论,抑或是提供重点的关键词语、语法或表达法让学生进行写作,等等。

5. 采用什么手段检查教学成效

例如,在检查方式的选择上,是用判断题、多选题来检查学生是否理解,还是用提问法、复述法或写作等来检查学生能否运用,等等。

需要指出的是：

由于班级中的学生之间存在着个体差异,因此一些预订的具体教学方法也可能难以适合所有的学生。

比如,在口语课教学中,如果班级中性格外向或冲动型的学习者居多,那么最好是采用提问法、对话法、讨论法之类互动性的方式；可是如果班级中性格内向或沉思型的学习者占多数,那么可能教师使尽浑身解数也难以让学生开口。

又如,对课文中新出语法点的学习,虽然可以采用先阅读课文,再让学生自己寻找新出语法点的归纳法，但这对于不善于分析归纳的学习者来说可能比较困难。

总之，无论是预先制订的教学重点或难点，还是事先规划的教学方法，都只是开展课堂教学前必做的功课。在实际的教学操作中，仍需根据学生的个体差异做出合理的调整。

第二节 教学方案的撰写

在了解教学对象，分析使用教材，选择教学方法的基础上，教师接下来要做的工作就是制订出具体的教学方案。

从教案设计的要求来说，不仅要拟订出教学目标、教学重点或难点、所采用的教学方法，而且还要设计好教学的环节与步骤，以及怎样对具体教学内容进行讲解与操练等细节。

一、教案的构成要素

作为一份完整、规范的教案，其构成的要素主要包括五项：教学目标、教学课时分配、教学重点或难点、教学方法、教学环节。以下，依照这五项的先后次序作一简要说明。

第一项：教学目标

教学目标是指引教学活动的方向目标，在教学过程中具有直接的导向作用。在此项中，需要陈述的是：通过一篇课文或一堂课的教学，学生应获得的"知识"和"能力"是什么。

对于教学目标的陈述，大致可分为两种：

第一种：陈述是笼统、抽象的

比如：能正确地辨音辨调；能进一步扩大词汇量；能掌握新出的句型；能理解新学的表达方式等。

又如：以培养学生的语言交际能力为主；着重训练学生的口头表达能力；有效提高学生书面成段表达的能力等。

第二种：陈述是明确、具体的

比如：在"知识"方面，学习多少个词语或语法点，掌握哪一些交际功能项目，了解什么样的文化内容等。

又如：在"能力"方面，哪些是只需要记忆能力的，哪些是还需要具备理解、运用等能力的；在训练各种能力时，对语音、词汇、语法、汉字等方面正确率的要求是什么，对听、说的语速，或读、写的时间限定是什么等。

就教学目标在教学过程中的导向作用而言，自然是采用第二种陈述法更为清晰,并更有利于教学效果的观察、测量和评价。因此,教师在陈述教学目标时,最好能将其分为两类:一类是"知识目标",另一类是"能力目标"。

在陈述"知识目标"时,主要是说明应让学生学习什么知识或内容。所采用的行为动词可以是:学习、了解、理解、掌握……。

在陈述"能力目标"时,主要是说明需要培养学生什么能力或技能。所采用的行为动词可以是:培养、训练、提高、增强……。

教师可根据课型特点、课程大纲、课文内容,以及学生的实际水平,从简洁可测、易于操作的角度出发,由低到高地将能力目标细分为若干等级。例如:

第一级为"记忆":指能记住所学的汉语知识,具有对语言要素或规则做出再认的能力。如:能记忆词语意义;能辨认语法形式;能正确拼读句子等。所用的行为动词可以是:拼读、辨认、指出、写出、背诵、朗读、默写、听写……。

第二级为"理解":指能领会所学汉语材料的含义,具有对材料进行解释、区分、分析、概括的能力。如:能说出某词语的意思;能区别某词语在不同上下文中的读音与意思;能分析句子的结构成分;能理解所学材料的大意或细节等。所用的行为动词可以是:说出、判断、区别、选择、概括、归纳……。

第三级为"运用":指能将所学的汉语知识运用到新的情景中,具有解决较为复杂问题的能力。如:能使用所学的词语造句或完成对话;能使用所学的语法进行句式的转换;能改正表达中的错误等。所用的行为动词可以是:造句、列举、完成、转换、改正……。

第四级为"综合":指能综合运用所学的汉语知识,将它们构建成一个新的整体来恰当表述思想的能力。如:能写出语言较流畅的作文;能对所学材料进行复述或评论;能完成对某一情景或事件的描述等。所用的行为动词可以是:写作、复述、描述、评论……。

至于各能力等级中需要达到的标准,如选择题答案的正确率应达到多少,以平均每分钟多少个字的速度听写,复述课文的语速每分钟不低于多少个字等,则可根据课程教学大纲、学生的汉语水平等做出规定。

需要说明的是:

1. 以上"能力目标"的等级及其行为动词的说明仅是举例性质的,并没有统一的标准。至于究竟应划分出哪些或多少个等级,该用什么行为动词来表述,教师可根据教学实际情况做出合理的规划。

2. 根据现代教育学的理论,教学目标的制定是多维度、多类别的,既有认知领域类的,也有情感领域类和技能领域类。以上"能力目标"的陈述仅属于认知领域类,并没有涉及到其他领域。可以参考,关于教学目标及其分类的论述[①]。

---

① 姜丽萍,《对外汉语教学论》,北京语言大学出版社,2008。

其中,整理和归纳出了一些国外著名教育学家(如布鲁姆、加涅等)提出的教学目标分类理论。这些理论对于在对外汉语教学中如何科学地制定教学目标,都是具有借鉴作用和应用性价值的。

3. 由于教学目标的制定较为复杂,许多方面仍有待于深入研究。因此,目前许多教师在陈述教学目标时,大多还是采用上述第一种较笼统、抽象的表达方法。

第二项:教学课时的分配

在此项中,需要陈述的是:学习一篇课文需要多少课时,以及每课时中各个教学环节、步骤及其具体内容的讲练要占多长时间。

在制定教学课时的分配时,教师应尽量细化时间的安排,比如:在教学过程中要使用板书或多媒体课件,就要考虑在什么时间用,以及所用的时间是多少;要讲解语言要素知识或进行交际活动,也要设计好占用的时间。

一般来说,教学课时的分配要依据教学目标、教学重点来定。同时,教师也要参考教学对象的情况,对教学中可能会出现与预定时间不符的情况做出一些预估,合理地把握或调整教学的进度。

第三项:教学的重点或难点

对于如何确定教学重点或难点,在前边第一节的内容中已有所介绍,这里就不再赘述了。在教案的书写中,最好按从上到下的序号,分别将它们罗列与陈述清楚。例如:

(1)词汇:_____、_____、_____
(2)语法点:_____、_____、_____
(3)功能项目:_____、_____、_____

第四项:教学方法

在此项中,可以说明采用的第二语言教学法是什么,但更重要的是:陈述所采用的具体教学方法或技巧是哪些。其中,也包括实物、多媒体等各种辅助教学手段。如可采用:

* 直接解释法:如采用词典上的定义解释词语,或用学生的母语解释语法。
* 直观展示法:如使用教具、动作等来说明词义,或用多媒体来展示汉字。
* 情景导入法:如利用实地情景进行会话,或给出上文后让学生完成下文。
* 对比分析法:如对比一组近义词语,或比较汉语与外语在句型上的差异。

针对不同的教学内容与目标,还可以采用其他各种各样具体的教学方法。例如:模仿、重复、替换、扩展、比较、提问、复述、串讲、归纳、演绎、推理等。此外,也可采用角色扮演、游戏等趣味性的活动方式。

第五项:教学环节(包括各教学步骤及其时间分配)

在此项中,应列出教学的步骤,并框定各步骤所占的时间比重,以及写出具体的教学内容与教学方式等。

从规范性的角度而言,新课的教学通常由五个主要环节组成,其先后步骤为:

组织教学→复习检查→讲练新课→新课小结→布置作业

下面,以100分钟的课堂教学为例,简要说明教学环节中各步骤大致的时间分配比例,以及讲练的方式。

第一步:组织教学(2—5分钟)

在正式上课前,教师可以采用多种组织教学的活动与导入的方式。比如:首先说明课文的教学目标或主要内容,使学生在心理上有所准备。又如:用一些轻松的话题来活跃气氛,如讲述近期发生的新闻,或提问学生的日常活动等,以使学生进入振奋的接受状态。再如:介绍一些与课文内容相关的文化背景知识,以此来导入教学的内容。

第二步:复习检查(10—15分钟)

在讲练新课前,教师可以让学生复习一下已学的课文内容,或检查学生对已学语言知识的掌握情况。方法可以是:听写、快速问答、复述等。此外,也可以抽出一定的时间来讲解学生已做作业中的问题。

第三步:讲练新课(70—80分钟)

在讲解与练习新课内容的过程中,教师一定要以培养学生实际的交际能力为基本目标,注重贯彻与落实精讲多练的原则。

一般来说,讲练新课的常见顺序是:朗读生词→讲练生词→学习课文→问答课文内容→讲练语法项目→各种操练活动

第四步:新课小结(2—5分钟)

在新课小结中,主要是归纳总结新出的语言点,进一步强调重点学习的内容。形式可以是板书提示,也可以是口头概括。

第五步:布置作业(2—5分钟)

在一堂课结束前,教师还应布置作业,让学生复习和巩固所学的知识与技能。作业的形式可以是:造句、作文、复述、预习等。

教师在做上述这些案头工作时,都应该做得十分细致,做到认真考虑、精心设计。同时,还需要进一步强调的事项是:

1. 在阅读教材的课文时一定要做到字字落实,同时要认真思考怎样讲解是最简明的,如何操练是最为有效的。

比如:在板书设计上,最好能展示课文的基本内容框架,使学生可借助板书来叙述课文的大意或细节。又如:对新出语法项目的讲解,也最好用公式、表格等形式来展示,以易于学生掌握和记忆其基本规则。

2. 新课的教学通常有上述五个主要环节,但其先后步骤并不一定要按照以上的次序来排列。

比如,阅读课的教学顺序也可以是先讲授语法项目,再学习课文等。又如,上写作课、练习课、HSK辅导课及文化类课程时,就不一定非有这五个环节。

总之,以上所展示的教案设计仅是一种较为规范的模式。在执行的过程中,还可能会因实际教学情况而有所调整或变更。如:根据学生的实际汉语水平,可能要重新确定教学的目标,改换原定的教学重点,补充例句或操练的形式,删减过难的语法项目等。因此,教师要事先对如何处理与预定内容不符的情况做出考虑,以便及时调整教学方案。

二、教案格式及撰写

从中国对外汉语教学的现状来看,各院校中采用的教案格式及内容要求,有的是由院、系负责人制订的,有的则是由任课教师自行设计的。

常用的教案格式,一般有"条目式"和"表格式"两种,其中的内容可依据课程的特点来制定。例如:

（一）条目式

课程：_____　　　　班级：_____

教材：_____　　　　课文：_____

1. 教学目标
    (1) 知识目标：_____
    (2) 能力目标：_____
2. 教学重点、难点
    (1) 词语：_____
    (2) 语法：_____
3. 教学方法
    (1) _____
    (2) _____
4. 教学环节
    (1) 组织教学：_____
    (2) 复习检查：_____
    (3) 讲练新课：_____
    (4) 新课小结：_____
    (5) 布置作业：_____
5. 教学后记
    (1) 学生学习情况：_____
    (2) 教学改进措施：_____

（二）表格式

课程			班级	
教材			课文	
教学目标	一、知识目标			
	二、能力目标			
教学重点与难点	一、教学重点			
	二、教学难点			
教学方法				
教学环节	时间设置		教学内容	操练方式
一、组织教学				
二、复习检查				
三、讲练新课				
1. 学习生词				
操练生词				
2. 学习课文				
3. 讲解语法				
操练语法				
4. 情境应用				
四、新课小结				
五、布置作业				
教学后记	1. 学生学习情况			
	2. 教学改进措施			

下面,以初级汉语阶段的课文《北京的冬天比上海冷》为例,较详细地介绍教案的撰写方法与内容(教学对象为学习了一个半月的学生,课时为80分钟):

北京的冬天比上海冷

A：哈利,明年你想去哪儿?

B：我想去北京。听说北京的冬天很冷,是吗?

A：是的,北京的冬天比上海冷。

B：北京的夏天热吗?

A：北京的夏天也比较热。但是,上海的夏天比北京热。

B：北京的春天怎么样?

A：北京的春天也比较冷,上海的春天比北京暖和。

B：王芳，你觉得哪个季节去北京最好？

A：秋天去北京最好。北京的秋天很凉快，风景也很美。

（一）教学目标

1. 知识目标

（1）学习生词：听说、冷、热、暖和、凉快、风景

（2）掌握表示比较的"比"字句

（3）了解北京的季节特点

2. 能力目标

使学生能运用新学的词语及"比"字句，描述某两个地方气候的不同之处，并着重训练学生的口头表达能力及书面成段表达能力。

具体的能力目标细分为四个等级：

（1）记忆：能正确地拼读或听写本课生词；能记住"比"字句的结构形式；能在半分钟内朗读一遍课文，语音语调基本正确。

（2）理解：能区别近义词"冷"和"凉快"、"热"和"暖和"在意思上的差异，并能在练习题中做出正确的判断或选择，正确率为90%以上。

（3）运用：能用"比"字句的肯定形式造句，正确率为90%以上。

（4）综合：能简单地说出或写出某地的季节特点，并能用"比"字句比较某两地气候的不同之处。说话的语速每分钟不低于90个字，写作的错字不超过3个。

（二）教学重点与难点

1. 重点：

（1）词汇：冷、热、凉快、暖和

（2）语法点："比"字句的肯定形式

（3）功能项目：介绍季节和气候

2. 难点：

（1）"冷"和"凉快"的区别

（2）"热"和"暖和"的区别

（三）教学方法

1. 以"听说法"为主，展示"比"字句的结构形式，并让学生在反复模仿的基础上完成各类用"比"字句的练习（如：替换词语、造句等）。

2. 以"交际法"为辅，提供特定的交际情景，让学生在运用中掌握怎样描述某地四季的特点，以及如何比较两地气候的差异。

（四）教学环节（80分钟）

1. 组织教学（3分钟）

上课铃响后，教师开始点名。然后，询问学生喜欢哪个季节，或问学生住在哪

儿,去过什么地方,觉得那儿怎么样等,以此导入课文内容的学习。

这样做,也可为学生学完课文后介绍某地的季节特点,或比较两地的气候差异做一事先的铺垫。

2. 复习检查(10分钟)

(1) 教师提问前一篇课文中所学的主要内容,请几位学生回答。

(2) 让学生听写前一篇课文中的句子(3—5个),再请几位学生念出听写的句子。

3. 讲练新课(60分钟)

(1) 学习生词:听说、冷、热、凉快、暖和、风景

第一步:学习生词发音

如:教师领读→学生个别读→纠正发音

第二步:解释重点生词

教师可采用图片或动态的多媒体课件来说明"冷、热、暖和、凉快"的语义,如:

* 珠峰之巅,冰雪皑皑的山峦:说明天气"冷"。
* 炼钢炉前,挥汗如雨的工人:说明工人"热"。
* 冰雪消融,绿草萌生的原野:说明天气"暖和"。
* 烈日当空,树荫之下的地方:说明该处"凉快"。

第三步:操练重点生词

如:根据当时的季节或温度,老师穿上或脱去外衣,让学生说出老师会觉得怎么样;或开启电扇或空调,让学生说出自己的感觉;也可让学生说出今天是"冷"还是"凉快",或者是"热"还是"暖和"。

(2) 学习课文

第一步:朗读课文

如:教师领读一遍→学生个别读或分角色读→教师纠正发音→学生齐读

第二步:教师提问课文内容,让学生集体回答或个别回答

如:哈利明年想去哪儿?王芳说北京的冬天怎么样?……

第三步:让学生自己找出课文中的"比"字句

如:老师说:"今天,我们要学习的语法是"比"字句。大家找一下,课文中用"比"的句子有哪些?"

(3) 学习重点语法

第一步:学习"比"字句的结构形式和意义

如:教师可先采用公式法,板书"比"字句的肯定形式与例句:

板书1

```
     A    比   B＋形容词
     今天   比   昨天   热
      ↓         ↓
     35°       28°
```

其次，教师让学生看板书上今天和昨天的温度，并提问"今天热还是昨天热？"。学生看了温度回答后，教师便可说出"今天比昨天热"这句话，并以此来让学生了解"比"字句表比较的意义及形式。

第二步：操练"比"字句

如：教师可首先增补一些常用的词语（名词：笔、包、衣服……；形容词：大、小、贵、便宜、蓝、绿……），并让学生朗读几遍。

其次，教师可在学生掌握以上常用词语的基础上，用实物展示长短不齐的笔、大小不一的包、价格不同的服装等，并让学生用"比"字句的肯定形式来说。如：

* 展示一支长的毛笔和一支短的铅笔

　　学生说：毛笔比铅笔长

* 展示一个大号的蓝包和一个小号的绿包

　　学生说：蓝包比绿包大

* 展示一件 200 元的衣服和一条 100 元的裤子

　　学生说：衣服比裤子贵

（4）各种操练活动

生词、语法和课文都学完后，还要进一步让学生操练和运用。例如：教师首先可以采用板书的形式，展示课文的基本内容框架，以及重点词语和语法，以使学生可借助板书来叙述课文的大意或细节：

板书 2

季节	词语	语法	课文内容
冬天	冷		北京的冬天很……
		比	北京的冬天比上海……
夏天	热		北京的夏天也比较……
		比	上海的夏天比北京……
春天	暖和	比	上海的春天比北京……
秋天	凉快		北京的秋天很……

然后，让学生两人一组，按照板书提示的顺序，互相就课文内容进行问答形式

的操练。例如：

A：北京的冬天冷吗？　　　　　　　　B：_____
A：北京的冬天比上海冷吗？　　　　　B：_____
A：北京的夏天怎么样？　　　　　　　B：_____
A：上海的夏天比北京热吗？　　　　　B：_____
A：北京的春天怎么样？　　　　　　　B：_____
A：上海的春天比北京暖和吗？　　　　B：_____
A：北京的秋天怎么样？　　　　　　　B：_____

最后，还可将这篇对话体的课文内容改为叙述体，让学生补出以下划线部分，进行单独叙述。例如：

板书3

哈利明年_____去北京，他问王芳："北京的冬天_____吗？"王芳说："北京的冬天比上海_____。"哈利又问她："北京的夏天_____？"王芳说："北京的夏天也_____，但是上海的夏天比北京_____。"

王芳还告诉哈利，北京的春天也_____，上海的春天比北京_____。她觉得，秋天去北京_____。在那个季节，北京很_____，风景也很_____。

如果课堂时间充裕的话，还可以请学生描述自己家乡的季节与气候情况，或使用"比"字句比较自己家乡与某地气候的不同之处。

4. 新课小结（5分钟）

教师可采用结合板书与口头操练的方式，进行新课内容的小结。如：借助板书1，再次强调"比"字句的结构形式；借助板书2，再次快速问答一遍课文的内容。

5. 布置作业（2分钟）

如：复习课文，并朗读三遍以上；预习下一课的内容；让学生使用"比"字句，写一篇比较自己家乡与某地气候的小作文，下一次上课时向全班同学介绍。

有关对外汉语课堂教案设计的实例，在现已出版的许多对外汉语教学论著或教材中都可见到[①]。

其中，列举的教案有21个，涉及的课型包括精读课（综合课）、口语课、听力课、阅读课、写作课、汉字课、视听说课，以及多媒体辅助口语教学课；教案有为初级汉语水平的学生设计的，也有为中高级汉语水平的学生设计的，但以初中级为主。

在本教材的第五章"语言技能教学法"中，也将再列举一些精读课、泛读课、听力课、口语课、写作课的教案实例。

---

① 如：吴勇毅等编著《对外汉语教学课堂教案设计》，华语教学出版社，2003。

第四章　语言要素教学法

外国学习者要学好汉语,提高自己运用汉语进行交际的能力,就必须掌握汉语语言要素方面的基础知识。因此,这方面知识的讲练也是对外汉语教学的主要内容。

有关汉语语言要素的教学方法或技巧,在许多与对外汉语教学相关的书籍中都有所介绍。[①]

下面,在借鉴和归纳以往研究成果的基础上,分别介绍汉语语音、词汇、语法、汉字的教学原则,以及具体的教学方法或技巧。

第一节　语音教学法

在对外汉语的各教学阶段,语音教学应该是贯穿始终的。尤其是在初级汉语教学阶段,教师应特别注重学生发音的准确性,使之尽量能发好、发准每一个音。否则,日后极有可能产生"化石化"的现象,并很难再纠正过来。

从汉语普通话的语音特点来看,其中既有易于外国学生学习的方面,也有不易于他们掌握的方面。下面,对此做一简要举例说明:

易于外国学生学习的方面

1. 汉语普通话语音的音素比较少,总共只有 32 个音素,其中元音音素 10 个,辅音音素 22 个。而有些语言中的音素则比较多,如英语中有 48 个音素,比汉语多 16 个。音素的数量少,学习者学习起来就相对会容易些。

2. 汉语普通话语音的音节结构比较简单,而且规律性较强。例如,从音节结构的组合规律来看,在一个音节中,辅音和元音互相间隔,且辅音最多只能有两个,其位置固定在音节的开头充当声母,或是在音节的末尾充当韵尾。如:

在"dōng"这个音节里,"d"在音节开头作声母,"ng"则在音节末尾作

[①] 如:蒋可心,《对外汉语教学法研究》,黑龙江教育出版社,2002。
　　崔永华、杨寄洲,《对外汉语课堂教学技巧》,北京语言文化大学出版社,1997。
　　刘珣,《对外汉语教育学引论》,北京语言大学出版社,2000。
　　姜丽萍,《对外汉语教学论》,北京大学出版社,2008。
　　徐子亮、吴仁甫,《实用对外汉语教学法》,北京大学出版社,2005。
　　周健,《汉语课堂教学技巧与游戏》,北京语言文化大学出版社,1997。

韵尾。

在"nán"这个音节里有两个"n",前者在音节开头作声母,后者在音节末尾作韵尾。

而在有些语言中,往往可以连续几个辅音。如英语 splash(溅)这个词,共有 4 个辅音,并且有三个是连续出现的。与之相比较,外国学生在掌握汉语普通话音节结构的规律方面,也会相对容易一些。

此外,从汉语普通话声母和韵母之间的配合情况来看,也存在相当强的规律性。这些,都是易于外国学生学习汉语普通话语音的方面。

不易于外国学生掌握的方面

1. 汉语是一种有声调的语言,每个音节都有一个声调,而且声调有区别意义的作用。从对外汉语教学的实践情况来看,许多外国学生都很难发准四声的调值。因此,不少教师在教语音时,为了强调四声的重要性,往往会举一个典型的例子来说明:

外国学生:我可以 wèn 你一下吗?
中国姑娘:当然可以。

实际上,外国学生想说的"吻",而不是"问"。可因为声调错了,把第三声发成了第四声,结果就造成了误解,出现了极为尴尬的局面。

2. 在汉语普通话语句的语流音变中,轻声、儿化、变调等现象,也都是外国学生学习汉语语音的不利因素和难点。

一、教学原则

(一)音素教学、音节教学、语流教学相结合

对外汉语语音教学的先后次序一般是:元音音素和辅音音素→音节→句子。从外国学生学习汉语语音的情况来看,常常可以发现这样的现象:有些学生在单独发某些音素(如:x、ü、e)时,往往不容易发准,但让他们发含有这些音素的音节(如"学习"中的 xué)时,却较容易发准。

因此,将音素教学与音节教学相结合,学生更易听得清楚,发得准确,并可降低学生因总是发不准某个音素而产生的焦虑情绪。

此外,还应将音素、音节的教学与语流(在一定时间内,人们连续发出的一连串音节)的教学结合起来,这是因为:音素或音节的单独发音与在语流中的发音会有所不同。

比如:有些学生单独发某个音节能发准,但在一个连贯的语流中却未必能发准。而各类语流音变现象,如语气词"啊"在句尾的音变;"一"、"不"的变调,连续几个三声的变调(如:我想买两把雨伞)等,都要在特定语句的语流中学习。

又如：人们在说话时，其中个别的音由于受邻近的音的影响，或因语速快慢、声音高低与强弱的不同，而会发生弱化（变得较弱或不太清晰）、脱落（弱化的音消失）等语流音变现象。以"星期天我去买衣服"为例，在实际的语流中，如果说得比较快，那么其中的"期"就可能会发生弱化，而"服"则可能会脱落 u。

再如：不少外国学生单独发 e 这个音时总是发不好，但是让他们说"我饿"这句话，则十有八九的学生能发得较准确。

鉴于上述情况，在语音教学中，较理想的做法就是要把音素教学、音节教学和语流教学结合起来，并尤其要重视句子语流的感知和训练。

（二）突出重点与难点

前边已经列举过许多外国学生学习汉语语音的不利因素，这些都可以看作是语音教学中的重点或难点。

此外，在可能的情况下（如学生均来自同一语种，而教师也懂该语种），教师最好能将汉语语音与学生母语语音进行对比分析。比如：找出汉语中哪些音是学生母语中有的；哪些音是学生母语中没有的；哪些音是学生母语中有，而汉语中无的。并以此来把握教学的重点或难点。下面，以汉语和英语的语音对比为例：

汉英的发音相同：b[p]、m[m]、f[f]、a[A]、o[o]、ai[ai]、ei[ei]……

汉语有，英语无：ü[y]、ia[ia]、iao[iao]、iu[iou]……

英语有，汉语无：[b]、[d]、[g]、[æ]、[dz]、[dʒ]……

一般来说，对于汉语和英语中发音相同的音，教师就不必花很多时间来教。而汉语中有，英语中没有的音，或英语中有，而汉语中没有的音，通常就应列为重点或难点，在教学中要注重加以指导。当然，由于学生个体差异的不同，有些学生对汉语和英语中发音相同的音也可能会发不准确，这就需要教师在教学过程中细心观察，因人而异地施教。

需要说明的是：

在教学的各阶段中都注重让学生操练标准的发音，这对提高学生发音的准确性肯定是有帮助的。但是，不能简单地认为学生只要反复模仿和练习，就一定能发出标准的、不带洋腔洋调的语音。道理很简单，许多中国人（甚至是语音学家）练普通话练了很多年，发音也还是不够准确，这就更不用说是外国人了。

因此，对于外国学生在汉语发音方面的准确性，教师千万不可操之过急。如前所述，有的学生发某个单独的音素发不准，但发含有这个音素的音节却较准确；有的学生发某个音节发得不太好，但在说含有这个音节的句子时却挺不错。那么，对于这些学生在发音上的某些缺陷，教师就不必过于"高标准"、"严要求"地来苛求他们发音的准确性。一般来说，教师在纠正学生的发音错误时，不宜超过三遍。过于严格地反复纠正其语音错误，很可能会使学生产生沮丧、畏难的情绪，甚至会影响其学习汉语的积极性。

二、教学方法

（一）讲解语音的方法

1. 静态展示法

比如，可以利用"声母、韵母图表"，或"发音器官图表"等，向学生展示发音部位、发音方法，然后边做示范发音，边让学生模仿练习。

又如，在声调教学中，可以利用"五度声调图"说明汉语四声的调值：

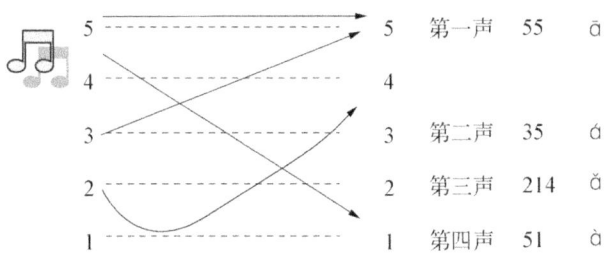

再如，"你好"是两个三声相连，其变调情况可图示为：nǐ + hǎo→ní + hǎo

需要说明的是：在汉语基础为零起点的学生中，有的可能看不懂上述某些图表，更听不懂老师的讲解；有的即使能看懂或听懂一点儿，也不一定就能发得准。所以，仍需借助其他各种方法来进行语音训练。

2. 动态演示法

（1）手势法

比如，可以利用手心卷曲的手势来演示翘舌音"zh、ch、sh、r"的发音特点，方法是：将手心向上卷曲，模拟舌头向上卷起的形状。又如，可以用手势划动来演示声调的升降变化。这些都是教师最常用的纠音正调的办法。

（2）夸张法

这种方法主要是利用较为夸张的发音口型，或适当地延长发音过程来演示某些音的发音特点。

比如：教 a 时，夸张地把嘴张大一些，并适当地延长发音过程，让学生感知这个音的开口度要大。

又如：教 u 时，尽量把嘴唇撮得圆一些，并持续地向前突出，以说明其唇形较圆与前突的情状。

再如：教"轻声"（如：爸爸、豆腐、马虎、告诉……）时，可以拖长并加重前边一个音节的发音，然后再发出后边轻而短的轻声音节。

（3）对比法

比如，教送气音"p、t、k"等时，可以拿一张纸片放在嘴前，用力地吹动纸片，让学生观察发送气音时是冲出气流的。反之，发不送气音"b、d、g"等时，纸片是不动的。

（4）带音法

这种方法主要是用学生先学的音,或较容易发的音来带出较难发的音。如 e、ü、r 这三个音,不少学生都觉得难发或发不准,那么就可以使用带音法来进行演示,如：

教 e 时,可以先发 o。做法是：发 o 时,拖长其音程,同时嘴角慢慢向两边咧开,使唇形由圆而扁地带出 e。

教 ü 时,可以先发 ī。做法是：发 ī 时,声音持续不断,然后嘴角慢慢地收缩和前突,使唇形由扁变圆地带出 ü。

教 r 时,可以先发 sh。做法是：发 sh 时,保持原发音部位,并震动声带,从而由清到浊地带出 r。

（二）练习语音的方法

1. 独唱或合唱四声法

可以让学生个别轮流独唱四声,如：ā、á、ǎ、à,但是这种方法较花时间,且单调枯燥。因此,也可以采用集体轮流合唱四声的方法。比如：A 唱第一声,B 唱第二声,C 唱第三声,D 唱第四声；或左排甲组唱第一声、第二声,右排乙组唱第三声、第四声,等等。

2. 对比辨音法

在汉语语音中,有些音素的发音部位相同(如 b、p、m 都是唇音,d、t、n 都是舌尖音)；有些音素的发音方法相同(如 b、d、g 都是不送气音,p、t、k 都是送气音)。对此,可以按照发音部位或发音方法,分组来进行对比辨音的练习。

又如,有些鼻韵母(如 an 和 ang；en 和 eng；in 和 ing),或平翘舌音(如 z、c、s 和 zh、ch、sh),也都可以放在一起进行分组的辨音练习。

3. 指辨法

可以首先板书一些学生不易辨清的语音语调,然后教师念,让学生指辨。如：

　　首先,老师在黑板上写：chū|zhū|shū

　　随后,老师念"zhū",学生则指辨出老师念的音。

使用这种指辨的方法,可以让学生辨别相近的声母、韵母,音节或声调等。练习的形式可以是让学生指出,也可以是让他们写出。

4. 音义结合法

比如,可以选择一些常用的双音节词语,让学生练习语音语调：

　　二声＋二声→yóujú(邮局)、yínháng(银行)、xuéxí(学习)
　　四声＋二声→fùxí(复习)、xìngmíng(姓名)、qùnián(去年)
　　三声＋三声→lǎobǎn(老板)、yǔfǎ(语法)、kǒuyǔ(口语)

又如,可以针对某个声调,让学生辨音辨调:

niánjì(年纪)—niánjí(年级)
qiānbǐ(铅笔)—qiánbì(钱币)
qīnqiè(亲切)—qīnqi(亲戚)

由于这些音义结合的语音练习方法结合了一些常用词语,所以可以让学生觉得较实用或有趣,也能使学生在心理上削弱一些对汉语语音语调的畏惧感。

此外,在语音教学中,教师还可采用一些游戏或比赛的形式,让学生在趣味性活动中进行练习。例如:

（1）拼音接龙

教师可先让学生甲写一个词语的拼音,如 kǒuyǔ(口语),再让学生乙接着这个词语的后一个音节写 yǔfǎ(语法)等,依次接续下去。

（2）拼词比赛

教师可给出 xuéxí(学习),让学生用其中的一个音素或音节拼出其他的词,如可以拼出:juéde(觉得)、cíyǔ(词语)等。最后,看谁拼得多。

（3）填调号比赛

教师把写有 10 组双音节,但未标调号的练习纸发给学生。然后,老师念音节,学生在听到的音节上标调号(有可能老师读的是 liánxì,但学生把调号错误地标成了 liànxí)。最后,老师来核对学生填写的情况,看谁的正确率高。

这些带有游戏或比赛性质的练习,学生做起来会觉得比较有趣。教师可根据学生学过的语音知识,尽量多设计一些诸如此类的练习形式。

至于一些单纯的听写练习,如:听声母写声母,听音节写声母,听音节写韵母,听音节写调号,听音节写音节等,虽然对于学生听辨语音语调也是有效的,但练习的形式较为单调,且有些语音的听辨可能较难,所以练习的数量不宜过多。否则,有些学生可能会因觉得无聊而失去兴趣,或因觉得过难而产生畏难情绪。

第二节　词汇教学法

现代汉语的词汇总量到底是多少,很难给出一个确切的数字。一般来说,在一部中型词典中,所收的词条有五六万条。现在,随着社会文化的发展,科学技术的进步,汉语中新的词汇还在不断增加,所以很难对其数量作出精确的统计。

在对外汉语各教学阶段中,通常都有相应的、按词汇常用频率高低分级的词汇教学内容。从初级、中级、高级这三个教学阶段词汇教学的总量来看,一般在 8000—10000 个左右。

第四章　语言要素教学法

例如,在国家汉语水平考试委员会办公室考试中心(2001)编制的《汉语水平词汇与汉字等级大纲》(修订本)中,将常用词汇分为甲、乙、丙、丁四级:甲级词1033个、乙级词2018个,丙级词2202个,丁级词3569个,合计为8822个。

又如,在国家汉办和教育部社科司(2010)研制的《汉语国际教育用音节汉字词汇等级划分》中,将词汇教学的基本量定为9600个左右,并划分为普及化等级、中级、高级三大等级。其中普及化等级词汇2245个(分为两个档次、三个小层次:第一档最常用词1342个,分为两个小层次:最低入门等级最常用词505个,其他最常用词837个;第二档常用词903个);中级词汇3211个;高级词汇5636个(高级词汇4175个+高级"附录"词汇1461个),总词汇量共计11092个。

通常来说,外国学生能学会用汉语进行最简单、最基本的日常口语交际,大约只需要500多个词语。如果能掌握2000多个以上的词语,则能满足基本日常生活、学习等方面语言交际的需要,或能看懂一般性浅显的文章。

就现代汉语词汇的特点来看,其中也既有易于外国学生学习的方面,也有不易于他们掌握的方面。下面,对此做一简要举例说明:

易于外国学生学习的方面

1. 从现代汉语词汇的音节数量来看,是以双音节为主,两个音节以上的多音节词是较少的。词汇的音节数量较少,就便于学生学习和记忆。

2. 从汉语词汇的构造方式来看,除了单纯词以外,大多数合成词是由词根加词根复合构成的,且许多词义与构词的语素义密切相关。比如:看到"毛笔、书店、冰鞋"等词语,就可知道是哪种"笔"、哪类"店"、什么"鞋",不仅便于理解,而且易于记忆和应用。

此外,还有一些合成词是由词根加词缀构成的。虽然汉语词缀(如"子、儿、头、者、手"等)的数量极少,但是构词的能力却很强,并具有很强的词性类化规律,这也有利于学生据此来判断词性或推测词义。比如:可根据指人的后缀"手"(歌手、能手、骑手……),判断出贴在汽车后窗上"新手上路,请多关照"这张纸中,"新手"是一个名词,并且是指刚学会开车的新驾驶员。

不易于外国学生掌握的方面

1. 从语音上看,汉语词汇中有大量的同音词、多音词、近音词;从语义上看,有大量的同义词、近义词、反义词、多义词。此外,还有不少语气词、联绵词、叠音词、拟声词,以及大量的成语、惯用语等。这些词语的存在,都会给学生学习汉语词汇带来困难。

比如:在语音方面,"箭"和"剑"、"清"和"轻";"事物"和"事务"等同音词,由于其发音雷同,学生在听时如果没听清楚上下文,就不容易辨别清楚。

又如:在语义方面,"居然"和"竟然"、"特地"和"特意"、"稍微"和"稍稍"、"顺手"和"随手"等近义词,无论从语义上还是从用法上,都很难说得清楚其间的差异。

2. 从汉语词语的构成形式上看,有些词语的重叠形式,或组合形式是没有一定的规律可循的。

比如:以形容词的重叠形式为例,有些形容词可重叠,有些则不能。如可以说"漂漂亮亮",却不能说"美美丽丽";可以说"高高兴兴",但不能说"愉愉快快"。再以动词的重叠形式为例,有些动词可重叠,有些则不能。如可以说"我要休息休息",却不能说"我要工作工作";可以说"我去检查检查",但不能说"我去考试考试"。

又如:有些单音节形容词、动词在与名词组合时,并不是很自由的。以单音节形容词与名词的组合为例,可以说"高山、高峰、高地、高楼",却不能说"高树";可以称不正经的女人为"破鞋",但行为端正的女人却不叫"好鞋"。再以单音节动词在与名词的组合为例,可以说"开口、开门、开灯、开电视",却不能说"开书";可以把受人冷落说成"坐冷板凳",但被人热情接待却不叫"坐热板凳";可以把通过托人、送礼等不正当的途径办事叫"走后门",但是合法办事却不能叫"走前门"。

诸如此类无规律可循的重叠形式,或不自由的搭配形式,都受制于语言使用的习惯,是无法进行类推的。因此,这也会给外国学生学习汉语词汇带来不少困难,只能让他们在平时学习中多加注意或强记。

一、教学原则

(一)注重运用性技能的训练

就词汇教学的基本任务而言,一是要帮助学生理解所学词语的意义和用法,二是要指导学生学会正确运用所学的词语。

这也就是说,在教学过程中,教师在讲清楚词语意义和用法的基础上,更要重视通过各种活动训练,帮助学生把理解性的知识转化为运用性的语言技能。

(二)分清"运用性词语"与"领会性词语"

无论在哪一个教学阶段或哪一种课型中,教师都应该对课文中所出现的生词做出合理的选择,分清主次轻重。即应针对重点或难点,确定哪些是必须要讲,并要求学生能进行复用的运用性词语;哪些是可讲可不讲,只需要学生能看懂或听懂的领会性词语。

一般来说,运用性词语是使用范围广、出现频率高、扩展能力强的词语。如一些在社会生活中使用面较广的词语,以及常用的动词、形容词、副词、介词、连词等。而人名、地名、专名,或使用范围窄、出现频率低的方言、古语词等,则属于领会性词语。

(三)加强词汇的重现率

在词汇教学中,要让学生减少遗忘,教师就必须想方设法提高词语的重现率,让新学的词语多次反复出现。只有这样,才能让学生记得牢,运用得自如。

从词汇重现的途径来看,它们在课文中复现的次数或频率,通常是由教材编写者确定的。如果某些重要的运用性词语在教材中的复现率较低,那么就需要教师在教学过程中设法来提高这些词语的重现率。比如:在新课生词的学习中,可以结合旧课的词语进行讲解或操练,或在课文的练习部分中尽量复现学生学过的词语等。

二、教学方法

（一）讲解词汇的方法

1. 直接翻译法

直接翻译法可以分为两种:一种是教师把生词翻译成学生的母语;另一种是让学生自己查词典找出生词的释义。采用这些方法,主要是用来解释一些意义抽象,不易讲清的词语。但是,这种方法不宜多用,因为在两种语言中,除了专有名词和科技术语以外,在语义和用法上完全对应的词语是极少的。而且,如果过多地采用这种方法,也可能会使学生认为教师用汉语解释词语的能力太差,教学水平太低。

此外,在采用直接翻译法时,也不宜要求学生掌握某一词语的所有义项。尤其像"打、搞、弄"之类具有很多义项的词语,如果全部罗列出来的话,不仅教师难以讲清楚,而且学生一时也根本记不住,更掌握不了。一般来说,遇到多义词时,教师翻译或让学生自己查找的主要是与课文内容相关的义项。

2. 直观展示法

直观法展示法可分为两种,一种是静态的直观展示,另一种是动态的直观演示。下面,分别做一简要的说明:

静态的直观展示法,即采用实物、图片等教学工具来展示词义,让学生通过视觉感官将所学的词语与客观事物联系起来,直接形成对词义理解的概念。例如:像"桌子、词典、铅笔"之类意义具体的词,教师指着实物就能马上让学生明白。又如:出示颜色不一的图片,可讲解颜色词。再如:拿出平面的报纸、车票,可讲解量词"张"。

动态的直观展示法,即通过动作演示来说明词义。例如:教师采用身体动作,可以讲解"走、跑、跳、喝、拿"等动作性强的动词。又如:用脸部的表情,可以形象地说明"高兴"、"生气"、"无可奈何"等词语的意思。再如:区别表动作的"看"和表动作结果的"看见"时,可采用表演的方式来进行,如老师要找教室里的某个同学,就先用眼睛"看"的动作来搜索,找到了就是"看见"。

可见,这些方法的采用要比用言语来描述更为简洁、便捷和精确。如今,随着计算机技术的发展,教师也可更多地采用多媒体课件来形象、生动地展示词义。

3. 语素分析法

语素分析法是通过对词语构词语素义的分析,来解释词义的一种方法。比如:

在讲"特产"这个词时,可以说"特"就是"特别","产"就是"产品"的意思,从而来说明其词义就是某处特别有名的产品。

这种方法的使用,也可有利于学生推测词义。如讲"照相机"这个词时,教师可说明其中"机"的语素义与机器有关。如果解析清楚了这一点,那么学生在遇到"电视机"、"摄像机"、"计算机"等新的词语时,就很容易推测出它们都是和机器有关的物件。

可见,让学生了解词语的语素义和构词法上的一些知识,可有助于学生触类旁通、举一反三地掌握新的词汇。

4. **语境释义法**

语境释义法是利用语句的上下文,通过"词不离句"来解释词义的一种方法。在汉语词汇中,尤其是一些词义抽象的词语(如:文化、道德、知识、技术……),如果光靠孤立的"以词解词",或仅用词典中的定义性解释来说明,那么不仅教师很难讲得通俗易懂,而且学生也会觉得难以理解,很可能是老师越讲越复杂,学生越听越糊涂。而如果把它们放在具体的语境中来说明,那么就较易显现其意义。

又如"借"这个词语有"借出"和"借入"两层意思,以"他借我那本书,还没看完呢"这句话为例,到底是他借给我,还是我借给他,如果没有语境的提示就很难确定其含义。

再如,成语中比喻陷入困境的"山穷水尽",形容做事不细心的"粗枝大叶";惯用语中表示暗中刁难别人的"穿小鞋",表示趋炎附势的"抱粗腿"等,如果不放在特定的语境中来解释,那么十有八九也是讲不清楚的。

因此,在词汇教学中,教师常得依靠语境的帮助来解释词义。比如"凭"这个词,仅用词典中的"依靠"、"根据"、"依据"等词来解释,学生很可能听不懂,或听了后又要求教师对这几个词进行辨析,结果可能会是教师越说,给自己带来的麻烦就越大,效果也可能越差。但把"凭"放到进体育场看比赛要"凭票入场",或挣钱要"凭自己劳动"的语境中去解释,学生就比较容易理解和掌握。

又如,在解释"俭朴"这个词时,可以用"他虽然很有钱,可是从来不买名牌衣服,也从来不上高级酒店"来说明,这就比用词典上的释义"俭省朴素"要简明易懂得多。

再如,讲解"贪污"这个词,可以用"他是公司的会计,但他把公司的钱放在自己的口袋里"来说明。

诸如此类利用语境来解释的方法,在教学中不仅是常用的,而且也是非常有效的,可让学生易于领会和运用。

5. **比较辨析法**

比较辨析法可分为汉语内部比较,以及汉外比较这两种。在对外汉语词汇教学中,主要是汉语词汇内部的比较,且集中在多义词、近义词上。

第四章　语言要素教学法

值得重视的是：在汉语词汇内部的比较辨析方面，不仅涉及到词语本身的意义，而且还关系到语音、语法等方面的比较。例如：

从语音上看，汉语中有的多义词由于说话人读的时候轻重音不同，意思也就完全不一样。如"东西"作为方位词时，两个字都要重读；作为泛指具体或抽象事物的名词时，后一个语素要读轻声。又如，以"我就有一台电脑"这一句为例：

"就"重读，强调的是数量少，如：

　　A：你能借给我一台电脑吗？
　　B：我就有一台电脑，你去向别人借吧。

"就"轻读，则表示电脑的使用已普及，或无须再去别处寻找、购买之义，如：

　　A：现在很多人都买了电脑，我也想去买一台。
　　B：我就有一台电脑，你拿去用吧，别买了。

再如，"他拿了五块钱出来交给我"这一句，"出来"的读音不同，也可以有不同的理解。念轻声只表示拿钱出来的"趋向"，不念轻声则是指拿了钱走出来。

从语法上看，有些近义词在意思上相近，但在语法特征上的表现是有所区别的。比如，"忽然"和"突然"都表示事件发生得快或出乎意料，但二者在词性和句法功能上是具有差异的：

"忽然"是副词，只能放在动词前作状语；而"突然"是形容词，它既可放在动词前作状语，也可放在名词前作定语，或放在动词后作补语，还可作谓语，如：

　　这件事情突然发生了变化。　　（"突然"作状语）
　　这件事情发生了突然的变化。　（"突然"作定语）
　　这件事情发生得突然极了。　　（"突然"作补语）
　　这件事情的发生很突然。　　　（"突然"作谓语）

此外，在比较辨析一些近义词时，还需讲清楚它们在理性意义和附加意义方面的差异。例如：

从理性意义上辨析，"爱好"和"嗜好"的词义轻重不同；"公平"和"公正"的侧重点不同；"赡养"和"抚养"的适用对象不同；"局面"和"场面"所指的使用范围不同。

从附加意义上辨析，"果断"和"武断"的褒贬色彩不同；"爸爸"和"父亲"的语体风格不同，等等。

至于汉外词汇之间的比较，由于两种语言的绝大部分词汇并非是完全匹配、相互对应的关系，因此也需要适当地对它们进行对比辨析。例如：

汉语的"参观"、"访问"、"看望"、"拜访"，在英语中都是"visit"。在教学中，就要将它们放入具体语境中进行对比，以帮助学生有效地克服母语的负迁移影响，更好地进行理解和使用。

需要强调的是,在使用比较辨析法时,要注意以下两点:
(1) 要尽量避免循环释义

比如:学生问老师"适宜"这个词是什么意思,老师做出的解释是"适合"或"适当"。由此,学生可能又会问老师"适合"或"适当"是什么意思,老师说它们的意思也都是"适宜"。结果是绕了一大圈又回到了原地,学生还是一头雾水,闹不明白它们之间的区别。

因此,要避免循环释义这种现象的产生,教师还是要从词义、搭配关系、句法功能等方面来做出辨析。

(2) 不宜任意扩大词语辨析范围

无论是汉语内部的比较还是汉外对比,都尽量不要把好几个近义词放在一块儿比较,或把一个词语的所有义项都端出来比较。如果这样做的话,教师就可能会自找麻烦,既难以辨析得清楚,也难以让学生吸收消化。

6. 以旧释新法

这种方法是用学生学过的词语,来解释新出现的生词。如表示"快"的"马上"通常是较早在教材出现中,那么在学习新词"立刻"时,教师就可利用学生已学过的"马上"来说明,然后再从意思和用法上进行辨析。

又如,如果学生已经学过"季节"、"春天",以及表示"好像"义的"如"等词,那么教师在讲解"四季如春"时,就可以说这是"四个季节都像春天"的意思。

使用这种方法不仅可以让学生温故知新,而且在讲解词义抽象的词语,或成语、惯用语等时也特别有效。

7. 汉字分析法

这是从汉字的构造及其理据出发,来帮助学生理解或推测词义的释词方法。比如:带有"木"旁的词,大多与树木有关;看到以"目"为意符的词,可以推测出一般与眼睛有关;以"心"为偏旁的词,如"怕、想、感"等则基本上与心理状态或活动有关。

又如:偏旁是三点水的词,意义大多与水有关(如"水深")。但为什么会有意义与水无关的"深色"、"夜深"的说法,这也可以从汉字构造的理据义上来说明:"深"指从水面到水底的空间距离大,空间距离大颜色就深,从上到下的时间也就长。因此,可引申出表示颜色浓的"深色",以及表示离开始时间久的"夜深"。

8. 符号标示法

这是利用符号的标示来进行简要释词的一种方法,一般是采用各国学生都使用的符号。例如:

加、减、乘、除(写成:＋ － × ÷)
零下五度(写成:－5°)

公里(写成:km)

除了以上这些讲解词汇的方法以外,为了便于学生记忆、复习或运用所学的词汇,教师还可将依课文内容出现的生词顺序做出重新排列,以类聚的方法进行展示。例如:

* 按不同词类的归类排列,如:名词类、动词类、形容词类……
* 按共同类属的归类排列,如:钢笔、铅笔、毛笔……(都属于书写工具)
  汽车、轮船、飞机……(都属于交通工具)
* 按话题情境的归类排列,如:看病→感冒、咳嗽、发烧、内科、挂号……
  乘机→飞机、机票、托运、安检、登机……

这种重新排列的类聚展示方法,也可将词汇的讲解与运用有机地融合起来。总而言之,在词汇讲解方面,哪种方法能适应学生的汉语水平,能最简明有效地说明词义和用法,或能有利于学生的记忆、复习和运用,那么就都是可以采用的。

(二) 练习词汇的方法

1. 实物展示

例如,可出示一组"唱歌、跳舞、游泳、滑冰……"的图片,请学生说出图片上人物的动作。

又如,可出示正面是汉字,反面是词语拼音的卡片,让学生进行认读。以认读"学习"这个词为例,可让学生先认读拼音,后认读汉字;也可以让学生先辨认汉字,后发出读音,如果学生不能认读汉字,教师再给学生看反面的拼音。

2. 循环追问

例如,可以围绕需要学生掌握的词语来设计一连串的问句,并采用不断追问的方法来让学生反复说。如学习表方位的名词"前边"时,就可采用循环追问法:

老师问:你们在我的哪儿?
学生答:我们在你的前边。
老师问:你们的前边是谁?
学生答:我们的前边是老师。

3. 选词填空

例如,可以采用多项选择题的形式,让学生选择唯一正确的词语:

明天晚上,我去看电影_____在家里看电视。
A. 还是　　　　B. 或者　　　　C. 还

又如,可根据一个多义词的不同意思或用法写出一段话,让学生辨析后填空:

爸爸今年70多岁了。他虽然老(　　)了,可还是老(　　)想着要多学习。现在,他每天都要跑老(　　)远的路,去一所老年大学学习。
A. 总是　　　　B. 非常　　　　C. 年纪大

4. 连线搭配

例如,左边是一些词语,右边是对这些词语的解释,让学生将词语和对应的解释用线条连接起来:

　　节约　　　　　赶紧
　　连忙　　　　　一次又一次
　　用功　　　　　不浪费
　　再三　　　　　学习努力

5. 判断正误

例如,可以写出一个句子,让学生判断正误后改错:

　　A:明天你千万要来!
　　B:放心吧,我千万来。(第一人称不能用"千万",应改为"一定")

6. 口头解释

例如,可以让学生用汉语来口头解释某个词语的意思:

　　老王好喝酒。(喜欢)
　　妈妈在打毛衣。(织)
　　这件事让他感到左右为难。(不知道应该怎么办)

7. 完成句子

例如,可以让学生采用适当的实词完成句子:

　　昨天,我去书店买了一本_____。(如学生采用的名词是:书、词典……)
　　见到他时,我感到很_____。(如学生采用的形容词是:高兴、难过……)
　　你应该每天都_____课文。(如学生采用动词是:复习、预习……)

8. 替换词语

例如,可以给出一个句子,让学生选用适当的词语替换划线的词语:

　　你应该努力学习。(如学生选用的是:认真、刻苦……)
　　老师请学生回答问题。(如学生选用的是:让、叫……)

9. 扩展词语

例如,可以指定一个词语,让学生扩展成短语:

学习→学习汉语→努力学习→学习一年

10. 词语联想

例如,可以先说一个词,然后让学生说出联想到的、与之相关的词语:

给出"恋爱"这个词,学生说出的词语有:约会、爱情、结婚、吵架、离婚……

给出"香烟"这个词,学生说出的词语有:身体、健康、有害、寿命……

11. 模仿造句

例如,可以给出一个例句,让学生使用其中的指定词语模仿造句:

例句:我<u>一时</u>糊涂,写错了一个数字。
模仿造句:他一时……,……。

12. 认读词语

例如,可以找一张商品广告单,把上边所列的各种商品编上序号。然后,教师说出某个序号,让学生找到该序号的商品后,念出商品的名称和价格:

1号:自行车　　　　370元
2号:照相机　　　　850元
3号:电冰箱　　　　1930元
……

此外,还可以采用一些游戏或比赛的形式来进行操练,让学生在趣味性的活动中积极主动地进行练习。例如:

(1) 词语搭配

如让学生说出某个动词的宾语,或某个名词的量词等,并可采用比赛的形式。以名词与量词的搭配为例,可以准备一叠是名词的卡片,一叠是量词的卡片,让学生随意抽取一张名词的卡片和一张量词的卡片,如果正好能搭配,就能得一分。如果不能搭配的话,学生则必须说出与量词搭配的名词,说对了可得1分,说错了则不能得分。最后,得分多者胜。

(2) 我说你指

可以将学生分为两组,第一组每个同学依次说一个人体的部位名或器官名,如:眼睛、头发、耳朵、嘴、上臂、胸、腰、脚等。第二组的同学听了后要迅速用手指向自己身上这一部位。两组交替做,指对了可得1分,指错了则不能得分。最后,得分多者胜。

(3) 词语接龙

教师在黑板上写下第一个字后,两组学生交替出人接续往下写词语。要求是每个词的开头字,必须是上一个词的词尾字。如:中→中国→国家→家庭……。如果某一组卡壳,则由老师代写一个词,同时该组扣一分,最后扣分少者胜。

有关对外汉语词汇教学研究方面的专著,可以参考相关著作①。

其中,就对外汉语词汇教学展开了多方面的论述,内容包括:目前对外汉语词汇教学面临的问题,教学词汇的选择与控制,词汇学习的难易,词义教学的途径与方法,词汇教学与读、听、写、说的训练,初级、中级、高级学习阶段的词汇教学,汉字、语法与词汇教学,词语用法对比,词语学习的策略,以及词汇学习情况的评估。

第三节 语法教学法

在各种语言里,语法是遣词造句的规则,并且是客观存在于每个语言使用者大脑中的。人们在学习第二语言时,如果能掌握其语法规则,就能用有限的规则生成无限的句子。外国学生在学习汉语时,把汉语的语法规则学好了,就能较为顺利地提高运用汉语来进行交际的能力。

可以参考,关于在对外汉语教学中要让外国学生学习的语法项目/语法点②。

其中,有甲、乙、丙、丁四级语法大纲:甲级语法129项,乙级语法123项,丙级语法400点,丁级语法516点,合计为1168项点。

从现代汉语语法的特点来看,其中同样存在易于外国学生学习的方面,也有不易于他们掌握的方面。下面,对此做一简要举例说明:

易于外国学生学习的方面

1. 在汉语里,词、短语、句子的基本构造方式具有很强的一致性,学生只要掌握其中一套规则,就能识别或生成不同的词、短语和句子的构造方式。例如:

构造方式	词	短语	句子
主谓式:	地震	集体讨论	他笑了。
动宾式:	保密	发展经济	他去北京了。
联合式:	道路	报纸杂志	我和他去公园。
动补式:	提高	听得清楚	他学得很认真。
偏正式:	力争	热情帮助	我马上去学校。

2. 与印欧语言多屈折变化的形态特征相比较,汉语的形态变化是不丰富的。在很多情况下,只需要把词按一定的语序排列就行了,并没有什么形态上的变化,

---

① 方绪军,《对外汉语词汇教与学》,北京师范大学出版社,2008。
② 国家对外汉语教学领导小组办公室汉语水平考试部,《汉语水平等级标准与语法等级大纲》,高等教育出版社,1996。

也不用添加任何附加成分。从这一点来说,是便于学生掌握和运用的。

以下列两句汉语与英语的比较为例,可以看到在汉语的句子中,代词不管处在什么位置,其词形都没有如英语中的变格,动词也不用按人称、性、数、时、态来变化:

   汉语:我　爱　她。　/　她　爱　我。(代词、动词的词形不发生变化)
   英语:I　love　her.　/　She　loves　me.(代词、动词的词形要发生变化)

又如:"现在我去学校"这一句,主语可换成"你、他、我们、你们、他们……",时间可换成"前天、昨天、明天、后天……",但动词都是"去",不需要任何形式上的变化。

3. 汉语的句式较丰富多样,在有的情况中,同一种意义往往可以用不同的句式来表达,这也就有利于学生灵活使用。如以下"句式1"和"句式2"所表达的是同一种意义:

  * 句式1(A 不比 B…):我不比他高＝句式2(A 没有 B…):我没有他高
  * 句式1(主动句):他关上了门＝句式2("把"字句):他把门关上了

可见,如果外国学生能掌握其中的一种句式(句式1或句式2),那么就能表达自己的意思。

不易于学生掌握的方面

1. **语序方面**

由于汉语语法缺乏严格意义上的形态变化,语序就成了汉语里表达语法意义的一种重要手段。有时语序不同,语句的意义也就有所不同。例如:

   你不可以去。("不"在"可以"前,表示"禁止"义)
   你可以不去。("不"在"可以"后,表示"允许"义)

又如,"这一锅饭吃不了十个人"和"十个人吃不了这一锅饭"这两句中,由于词语排列的语序不同,在意义上也就存在着差异。前一句的意思是:这一锅饭不够十个人吃;后一句的意思是:这一锅饭十个人吃不完。

从不同的语言在语序排列上的特点来看,是存在一定差异的。如英语国家的学生在使用汉语时,有时会受其母语的影响和干扰而常会在语序上出错,如:

   × 我想起床六点。
   × 他看书在图书馆。
   × 我想去公园跟他。

2. 虚词方面

在汉语中,虚词是体现语法意义的另一个重要手段。用不用虚词,用什么虚词,不仅决定一个语言形式的结构关系,而且所表达的意义也会存在差异。

例如:"看书"和"看的书"在意思上是不同的;"吃了饭"和"吃着饭"所表达的意思上也是完全不一样的。

又如:有些虚词的用法非常复杂。如助词"了"、"的"、"地",什么时候用,什么时候不用,什么时候可用可不用,有时也缺乏强制性。以"昨天我去他家,他让我认真学习"和"昨天我去<u>了</u>他<u>的</u>家,他让我认真<u>地</u>学习"这两句为例,要将其中用不用"了"、"的"、"地"的规则说清楚,恐怕并非易事。

3. 量词方面

汉语中的量词很丰富,数量也很多。在使用时,不仅要根据名词的不同来选用不同的量词,而且还有一些复杂的情况:

例如,同一类事物往往可以有多种量词。以"细而长"的东西来说,可以用"条、根、支、棵"等量词;以"宽而薄"的物体来说,可以用"张、片、面、页"等量词。

又如,有些量词是合用型的,可适合于两种以上的对象。如"首"可用于"歌"、"诗"、"乐曲"等;"座"可用于"山"、"桥"、"城市"等。

再如,一个名词也有选择不同量词的自由,可根据语义和表达的需要选择不同的量词。以"水"为例,它具有形状多变的语义特征,因此可以有各种搭配:一滴水(点状)、一滩水(平面状)、一股水(细条汇聚状)等。

此外,还有一些违反通常搭配规律的"超常"现象,即将一般不能搭配的量词和名词组合在一起。比如,刘白羽的散文《长江三日》中有这么一段描述:

> 过了八公里长的瞿塘峡,乌沉沉的云雾突然隐去,峡顶上一<u>道</u>蓝天,浮着几小片金色浮云,一<u>注</u>阳光像闪电样落在左边峭壁上。

其中,量词"道"通常是用来修饰狭长的"路"或"缝"等的;量词"注"则通常与细而长的"水流"等搭配。但在该文中,这种超常搭配却能产生奇特的形象性表达效果:

用"道"显示山峡对峙,连蓝天也只露出狭长的一条的情状;
用"注"描写阳光透过云隙,具有像水流般倾泻下来的动感。

对于学习汉语的外国学生来说,能否正确地使用汉语的量词,也可以看作是衡量其汉语水平高低的一个标准。

4. 代词活用方面

汉语中的代词有人称代词、指示代词和疑问代词,它们还都有虚指的用法,表示不确定的对象。如:

> *人称代词的虚指用法*:同学之间应该你帮助我,我帮助你。

指示代词的虚指用法：每个星期天,他都在家干这干那。
疑问代词的虚指用法：他好像有什么意见,你去问一下他吧。

此外,有的代词还可以用于任指(含有"任何"义)或列举。如：

表示任指的：他什么都爱吃。｜他谁也不喜欢。｜怎么说她都不听。
表示列举的：他去菜场时,什么鱼呀,肉呀,买了一篮子。

外国学生如果不了解代词的这些用法,那么在遇到以上各例句子时,就可能会难以理解其意思。

5. 离合词方面

汉语中离合词的数量很多,如"见面、毕业、唱歌、跳舞、游泳、结婚"等。外国学生往往受母语负迁移的影响,或难以进行区分,或容易用错。如：

× 我想见面他。
× 他毕业大学了。
× 你的唱歌很好听。
× 她生气我了。

6. 兼类词方面

汉语中的兼类词是指经常具备两类(或两类以上)词的语法功能,而词汇意义密切相关的词。如以"丰富"这个兼类词为例：

学生的课外活动很丰富。("丰富"是形容词,可用程度副词"很"修饰)
学校要丰富学生的课外活动。("丰富"是动词,不能用程度副词"很"修饰)

由于兼类词也是缺乏形态标记的,而且在使用时还存在各种制约性条件,因此外国学生在学习时也往往很难掌握其用法。

7. 补语方面

在汉语的使用中,用不用补语,用什么补语,以及补语表示的意义、补语的语义指向、补语和宾语的位置等,常常会使留学生感到困惑不解。

例如：既可以说"他昏迷了几天后才醒",也可以说"他昏迷了几天后才醒过来"(在"醒"的后边加上补语"过来",表示恢复到某种正常的状态)。又如：

补语指向动作的施事：鸟飞回来了。(鸟飞＋鸟回来)
补语指向动作的受事：我气跑了他。(他气＋他跑)
补语和宾语的位置：我看见了一个人。(宾语"一个人"在动补结构后)
　　　　　　　　　坑挖浅了,再挖深一些。(宾语"坑"须在动补结构前)

8. 同义异形的问题

前边说过,汉语的句式是丰富多样的,同一个意义往往可以用不同的句式来表达。但是,不同的句式在语义表达上或语用价值上却是存在一定差异的,这也往往是外国学生学习中的难点。

例如,"我关了门"和"我把门关了"这两句的意思是基本相同的,但由于二者在句式上的不同,而在语义表达上也存在着一定的差异。

又如,"这件事不必问他"是陈述句,而"这件事何必问他?"是疑问句(无疑而问的反问句)。虽然这两句的意思基本相同,但由于语气类别的不同,而在语用表达上的目的和效果是不同的。

9. 节奏的问题

在用汉语遣词造句时,不仅要考虑语法的正确性,而且还需要注意节奏的问题。例如,在外国学生的造句里,常可发现"他既聪明又努力学习"之类的说法。从语法上说,这一句不能算是错的,可总有点儿不协调。如果在"既"和"又"的后面都用一个双音节的词语,形成字数相等、音节对称、节律协调的"他既聪明又努力",则不但读起来顺口,而且听起来也顺耳。

又如,某些双音节形容词要求所修饰的名词也必须是双音节的。如:宝贵(意见)、先进(经验)、严重(后果)、豪华(宾馆)等。

再如,在三音节段的组合形式上,动宾关系倾向于选择"1+2"的形式(如:描/图纸);偏正关系则倾向于选择"2+1"的形式(如:描图/纸)。因此,以动宾关系的"运粮"或"运输粮食"来说,也可以说"运粮食",但用"运输粮"就不顺口;再以偏正关系的"彩照"或"彩色照片"来看,也可以说"彩色照",但不能说"彩照片"。诸如此类音节组合形式的现象,都涉及到汉语的节奏问题。可以说,这也是外国学生相当难掌握的。

一、教学原则

语法教学的原则与词汇教学相同,也需要在帮助学生理解所学语法的基础上,指导学生学会运用,使之能将理解性的知识转化为运用性的语言技能。在教学过程中,教师除了应注重采用精讲多练的方式以外,还需要注重以下几点:

(一)要体现规范性、稳定性

例如,对于"你有去过北京吗?"、"去年我有去旅游"之类的说法,虽然现在这样说的人较多,可是其规范性、稳定性还是值得商榷的。对此,在教学中就不宜教授给学生。

(二)要针对难点和学生易犯的错误

前边已列举过许多不利于外国学生学习汉语语法的方面,这些都可看作是语法教学中的难点。当然,还有许多无法悉数罗列出来的难点,需要教师在教学中注意观察。

此外,与确定语音教学中的难点相同,在可能的情况下(如学生均来自同一国家或语种),最好将汉语语法与学生母语语法进行对比分析,找出其间的共性和差异,建立起一个"语法学习难度等级"。这样做的好处在于:一是可预测教学难点,或减少预测的主观性。二是有利于针对学生的学习难点,采取必要的强化手段。

关于"语法学习难度等级"的制定,可以参考相关专著[①]。

现从中择其要点,以汉语和英语的语法对比为例,对此做一简要说明(级数越高,难度就越大):

零级:英语和汉语里是基本相同的,具有共同性。

如:英语和汉语的基本语序中,都有"主语+动词谓语+宾语"的形式。对此,母语是英语的学生在学习时就没有什么困难,教学中也就可以不必多讲。

一级:英语里是分开的两个项目,但在汉语里是合为一项的。

如:英语单数的第三人称代词有 he 和 she 的区别,但汉语都读成 tā。因此,母语是英语的学生在使用汉语进行口头表达时,要忽略单数第三人称中男性和女性的区别。

二级:英语里有某个项目,但在汉语里没有。

如:英语的形容词谓语句中,要用系动词 be,但汉语中若不是肯定对方的判断,则一般不用"是"。由此,母语是英语的学生在使用汉语形容词谓语句时,就需注意这一点。

三级:英语里的某个项目在汉语里也有,但二者在形式上存在差异。

如:英语和汉语中都有被动句,但汉语中除了有使用"被"的被动句以外,还有"饭吃了"、"门关了"之类无标记的被动句。又如,英语和汉语中都有状语,但语序不完全一样。因此,母语是英语的学生在学习时必须重新构建,否则或难以理解,或容易用错。

四级:汉语里有某个项目,但在英语里没有。

如:汉语里有"把"字句、形容词的重叠形式等,但英语里没有。对此,母语是英语的学生在学习时也必须重新构建。

五级:英语里的一个项目,在汉语里是分成几项的。

如:英语的"little",在汉语里分为"一点儿"与"有点儿",二者在使用形式上是不同的。对此,母语是英语的学生必须克服第一语言的习惯,逐项学习和区别。

至于外国学生在使用汉语中常出现的语法偏误现象,通常可分为两大类,一类是词法方面的(如虚词的使用偏误);另一类是句法方面的(如句式的使用偏误)。

---

① 刘珣,《汉语作为第二语言教育简论》,北京语言大学出版社,2002。
周小兵、李海鸥主编,《对外汉语教学入门》,中山大学出版社,2004。

归纳起来,主要有四类:

1. 遗漏
   × 只要你努力,(　　)可以学好汉语。(应添加"就")
   × 即使你不同意,我(　　)要去。(应添加"也")
   × 我学汉语(　　)了一年。(应添加"学")

2. 错序
   × 我每天起床六点。(应改为:我每天六点起床)
   × 我想去公园跟他。(应改为:我想跟他去公园)
   × 他把衣服没洗干净。(应改为:他没把衣服洗干净)

3. 误代
   × 我买了一条衣服。(应改为:我买了一件衣服)
   × 你什么时候去北京吗?(应改为:你什么时候去北京呢?)
   × 她为什么怎么开心?(应改为:她为什么这么开心?)

4. 误加
   × 他们班有十五个同学们。(应删除"们")
   × 我们见面时,都很高兴了。(应删除"了")
   × 这件事,我们要商量一商量。(应删除"一")

对于上述这些学生常易出现的语法偏误现象,也可看作是其学习的难点。因此,教师在教学中必须加以重视,并需常常提醒学生注意。

至于造成这些语法偏误的成因是多方面的,既有学生母语负迁移的影响,又有学生未能掌握好汉语语法知识的原因,还有教师教学方法或教材内容等方面的因素。

例如,在语义和语法方面,学生不了解汉语句子内部各种成分间相互制约的规则(如:哪些成分或哪类词语是相容可搭配的,哪些则是不相容并排斥的;某一成分同时需要哪些相关的成分与之共现或呼应,等等);在语用方面,学生不了解在什么样的语境下应该或不能使用某个句型或某个词语的规则等。这样,就会导致偏误的产生。[①]

如《对外汉语教学语法》一书中,列举了常见的偏误类型,分析了偏误的成因和特点,并确定了偏误分析的基本原则和方法。

此外,需要说明的是:教师在修改学生产生的语法偏误时,不能仅满足于将其改成正确的就行了,而应该在改对的基础上,尽量说明原因或理由,并加以举例说明。比如:

　　错句:明天我要回去日本。

---

① 有关外国学生在使用汉语中出现的语法偏误问题,可以参考:齐沪扬主编,《对外汉语教学语法》,复旦大学出版社,2005。

改正：明天我要回日本去。
说明：宾语是处所词语时，语法形式是：
动词＋处所词语＋来/去
例句：明天他回北京来。/他进图书馆去了。

(三) 语法、语义、语用相结合

汉语语法的问题，不仅关系到语句结构的形式，而且还涉及到语义、语用的方面。因此，在语法教学中，有时须将三者结合起来才能讲得更清楚。例如：

孩子只是打破了一个盘子，你何必骂他呢？

对于这段话中的"你何必骂他呢？"，教师不仅要讲清楚这一句在语法形式上是无疑而问的反问句，而且要说明"何必"在语义上是表示"不必"的意思，同时还要说明其在语用表达上带有"不满"或"责怪"对方做法的语气。

二、教学方法

(一) 讲解语法点的方法

1. 实物展示法

比如：利用地图，可以让学生学习"方位词"（上、下、前、后、左、右、东、西……），或表示处所和方向的"介词短语"（从……到……、往……动词……）等。

又如：利用物件（出示长短不一的笔、大小不等的球……），可以让学生学习表示比较的"比"字句。

2. 对话引出法

比如，教师在讲解表示领属关系的结构助词"的"时，可以先拿出一本书，并采用下列对话引出的方法：

老师：这是什么？
学生：这是书。
老师：对，这是我的书。

老师在说"这是我的书"时，可将"的"读得重一些、响一些，并用手将书指向自己，以让学生体会表领属性"的"的意思和用法。然后，还可用疑问句来问学生"这是谁的书？"，让学生听了后回答。

3. 公式展示法

在采用公式展示语法结构形式时，既可用"主语"、"谓语"、"宾语"等表述句子成分的语法术语，或"名词"、"动词"、"形容词"等说明词类的语法术语，也可用学生熟悉的词语或符号来表示。此外，为了便于学生理解和记忆，甚至还可以把不属于同一层面的句子成分术语、词类术语或符号等放在一起来进行展示。这样做，虽然不够科学和严谨,但只要能让学生易懂、易记,那么就都是可以采用的。

比如,以展示"我学习汉语"这一句的语法结构形式为例,可有几种写法:

第一种:主语+谓语+宾语
第二种:主语+动词+名词
第三种:人+动词+宾语
第四种:s+v+n

又如,在学习动词后带宾语的"时量补语"时,可板书其三种形式:

第一种:s ＋ v ＋ n ＋ v' ＋ time
　　　　我　　学　　汉语　学了　　一年。
第二种:s ＋ v ＋ time ＋ (de) ＋ n
　　　　我　　学了一年　　（的）　汉语。
第三种:s ↔ s' ＋ v ＋ time("↔"表示前后两项的顺序可换)
　　　　汉语↔ 我　　　学了　　一年。

4. 以旧释新法

"以旧释新法"可以包括两种:

一种是利用学生已学的原有知识带出新知识。如"动词后带宾语再带情态补语"和"动词后带宾语再带时量补语",二者存在相似之处,即它们都有重复动词的形式。如果教材中的语法项目顺序是先学情态补语,后学时量补语。那么,教师就可以让学生先重温情态补语的形式,再呈现时量补语的形式。例如:

首先,重温旧知识:

　　主语+动词+宾语+重复动词+得+情态补语(形容词短语)
　　他　　学　　汉语　　学　　　得　　　很快。

其次,呈现新知识:

　　主语+动词+宾语+重复动词+时量补语(数量词短语)
　　他　　学　　汉语　　学了　　　一年。

另一种是通过先建立上位规则,再呈现下位例句来说明新知识。如一个句子里同时出现几个表时间的状语时,学生往往会搞不清楚其排列的先后顺序。对此,教师可先写出其语序排列规律的上位规则,再写出下位例句。例如:

　　上位规则:　　时间名词　→　介词短语　→　时间副词
　　下位例句:他　现在　　　　　　　　　　　常常　打羽毛球。
　　　　　　　我　　　　　　　　从去年起　　已经　不喝酒了。
　　　　　　　他　昨天　　　　　从早上　　　一直　玩到晚上。

如果学生记清了这一语序排列的上位规则,那么在使用此类几个表时间状语共现的句子时,就较容易进行正确的排列了。

又如,表示 A 达不到 B 的程度,既可用"没有"来表示比较,也可用"比"来表示比较。要交代清楚这一点,可先列出作为上位规则的变换格式,再举出下位例句:

上位规则：A 没有 B＋形容词＝B 比 A＋形容词
下位例句：我没有他 高 ＝他 比 我 高

从某种意义上说,先讲清楚上位规则,就是一种原有知识的构建,学生的认知结构中建立起了这一固定点,就较易于顺利地对新知识进行正确的编码。

5. 对比分析法

比如,汉语中的副词"一连"和"连连"都可表示动作不停顿,但只能说"雨一连下了三天",却不能说"雨连连下了三天"。通过对比分析,可以让学生知道,之所以不能说"雨连连下了三天",是因为"连连"的动词后不能使用时段词语。

又如,在比较动态助词"了"和语气助词"了"的区别时,教师可以先用板书写出两个例句:

他去书店买了书。
他去书店买书了。

然后,再对这两个句子的形式和意义进行对比,做出简要说明:在"他去书店买了书"这句中,"了"在动词后,表示"买"这个动作完成,即他已经付钱。而在"他去书店买书了"这句中,"了"是在句末,表示"他去书店买书"这件事已经发生,但是否已经付钱,则是不确定的。

此外,在课堂教学中,如果学生均来自同一个国家或语种,那么也可以将汉语语法与学生母语的语法进行对比,以使学生了解二者之间的异同之处。对此,在以上第二章中,就曾以汉英存现句的结构形式为例,对二者在语序上的差异做出过比较。

又如,如果学生都来自英语国家,那么在讲解"比"字句时就可以先告诉他们,汉英的比较句中有一个共同点,即都不能使用绝对程度副词,如汉语中的"很、非常、十分……";英语中的"very"这一类表绝对程度的副词。例如:

√ 他比我高——He is taller than me
× 他比我很高——× He is very taller than me

先行比较清楚汉英语法规则中的这一共同点,可以使学生利用母语的正迁移,通过对照和分析,从原有的认知结构中寻找出与汉语语法的相同点,从而较快地正确掌握新学的汉语语法,并有效地防止"他比我很努力"、"今天比昨天非常冷"之类病句的产生。

6. 情境演示法

比如,在讲解"打开"、"关上"时,涉及到动补结构,以及动词补语"开"和"上"的意义。对此,教师可以通过开门和关门的情境演示,形象地说明"开"的分离义和"上"的合拢义。

又如,关于"把"字句语义的解释,不少对外汉语教材上的说明是:表示"致使"义,强调动词对宾语的"处置"。采用这样的说明,对于不是专门研究汉语语法的中国人来说,也是很难懂的,更何况其中"致使"和"处置"的意思是非常抽象的,教师很难解释清楚。所以,采用这样的说明,即使教材上有外文注解,外国学生也可能看不懂。

对此,较好的讲解办法是:教师可以用"我把门关了"这个句子,并通过关门这一动作的情景演示,来让学生观察"把"字句具有强调动作使受事宾语产生"移动、变化、某种结果"的语义特点。这样做,学生就很容易明白。

7. 推理法

推理法即是利用人们的常识、经验,以及对事物的推理能力来讲解语法点。以学习假设条件复句"如果没有 A,就没有 B"为例,教师就可以采用"父母和孩子的关系"、"工作和收入的关系"等人们的共知来讲解。比如,可以问学生:

没有爸爸妈妈,会有孩子吗?
一个人没有工作,会有收入吗?

这样,教师就不需要多费口舌来讲解这一语法形式,学生只要通过简单的常识和推理就能明白,并能很快自发地学会使用。

以上所列举的各种方法和技巧,目的都在于能简洁明了地解释语法项目。哪种方法能适应学生的汉语水平,能最有效地帮助学生理解和记忆,那么就都是可以采用的。

需要说明的是:在语法项目的讲解中,所举例句必须有足够的数量,否则学生就难以对新学习的信息形成正确的概括,或不能将其并入原有的语言认知结构之中。

(二)练习语法点的方法

1. 替换练习

比如,可以给出一个句式,让学生用括号中的词语做替换练习:

在 + 处所 + 上 + 动词 + 着
他 在 床 上 躺 着。(椅子上、坐着;路上、走着……)
多 + 动词 + 一点儿
你 多 吃 一点儿。(喝、一点儿;学习、一点儿……)

第四章　语言要素教学法

2. 句式变换

比如,可以请学生把某种句式变换成另一种句式:

他关了门。(变换成"把"字句:他把门关了)

一辆车停在马路边。(变换成存现句:马路边停着一辆车)

哥哥高,弟弟不高。(变换成表比较的句式:哥哥比弟弟高/弟弟没有哥哥高)

3. 划线提问

比如,学习疑问句时,教师可写出一个句子,让学生就句子中的划线部分进行问答:

<u>王华</u>明天去公园。(如:谁明天去公园?/王华明天去<u>哪儿</u>?)

他<u>上午</u>坐<u>公共汽车</u>去学校。(如:他什么时候去学校?/他坐什么车去学校?)

4. 添加语法成分

比如,说出一个名词,让学生添上一个定语,可用"的"或不用"的":

汽车→漂亮的汽车/公共汽车

又如,说出一个句子,要求学生添上合适的时间状语:

他去公园。→他<u>马上</u>去公园。/他<u>常常</u>去公园。

再如,可以让学生填写出复句中的关联词语:

(　　)我身体不好,(　　)没去上课。

(　　)天气好不好,我(　　)要去公园。

5. 连词成句

比如,可以写出几个词,让学生排列顺序,将它们连成正确的句子:

我　见面　跟　想　他。(排列成:我想跟他见面)

有时,几个词可以有几种不同的连法。如:

可以　不　你　旅游　去。

这一句排列成"你不可以去旅游"或"你可以不去旅游",都是正确的。对此,教师可再说明语序不同,句义也不同:前一句表示"禁止"义,后一句表示"允许"义。

6. 造句

比如,可以让学生用规定的句型或句式造句:

因为……,所以……。(如:因为我身体不好,所以没去上课。)

不但……，而且……。（如：他不但要去北京，而且要去广州。）
一……就……。（如：我一下课就回家。）

又如，可以先说前一半句子，让学生完成后边的句子：

王华对李芳说："我们分手吧。"李芳说："既然_____，就_____。"王华又说："虽然_____，但是_____。"

此外，在语法点的操练上，教师还可以采用一些游戏或比赛的形式，让学生在趣味性的活动中进行练习。例如：

（1）抢答造句

比如，讲授了一些复句及其关联词语后，教师可以说出前一个词语，由学生抢答后一个词语并造句。

如老师说了"因为"后，学生A抢答"所以"，而且造句也对，就可得2分。造句错了，则只能得1分，并且要改由学生B造句，造对了可得1分。最后，分数多者获胜。

（2）对攻比试

比如，要求两个学生用"比"字句轮番攻击和反攻：

A：我认识的汉字比你多。
B：是的。但是，我的发音比你好。
A：……
B：……

规则是：双方在轮番对攻时，都不能重复前面说过的话。如果说的句子正确，就可以得1分。如果说不出来或说错了，就要扣1分。最后，分数多者获胜。

（3）填空比赛

比如，教师在黑板上写一段几处是空缺的短文，要求学生填上合适的词语：

前天，我们去（　　）王老师的家。他家的房子（　　）很大，（　　）很漂亮。中午，我们（　　）王老师一起包饺子，（　　）做了几个菜，大家都吃（　　）很开心。

学生写下各自所填的词语后，老师再依次询问每个学生填的是什么。如果学生填的词语不同或不对，老师则再加以讲解或改正。

（4）猜测藏物

比如，学习了"方位词"后，老师可以把几样东西（如：书本、铅笔、手表……）藏在不同的地方，让几个学生猜它们在哪儿，并要求使用带有方位词的句子作答。如：

老师：××在哪儿？

学生 A：××在书包里。

学生 B：××在椅子下边。

学生能够猜中,并且用对了方位词,就可得 1 分。猜错了或没有用对方位词,则要扣分。最后,分数多者获胜。

(5) 领取物件

比如,学习了"……是……的＋名词"(如：这是我的书)和"……量词＋名词＋是……的"(如：这本书是我的)这两种句式后,教师可以请几位学生把他们的一些物件放在讲台上。然后,老师拿起其中某物,要求学生使用这两种句式或其中的一种来说,学生能说出"这是我的……"或"这……是我的",则可领回自己的东西。

或者,也可让一个学生拿起某物,问"这是谁的……？"或"这……是谁的？"。另一个学生如果能用同样的句式回答,就能拿回自己的东西。

(6) 连续追问

比如,学习了"时量补语"后,可以让一个学生使用"主语＋动词＋宾语＋重复动词＋时量补语"的语法形式,不断追问另一个学生的某些事情。如：

昨天早上,你洗脸洗了多长时间？→洗完脸后,你吃早饭吃了多长时间？→上午,你学汉语学了几个小时？……

又如,学习了表示动作进行的"主语＋在＋动词"的语法形式,可以让一个学生不断追问另一个学生的某些事情。如：

昨天下午,你在做什么？→晚上六点的时候,你在吃晚饭吗？→吃了晚饭以后,你一直在看电视吗？……

(7) 交换卡片

比如,学习了正反疑问句后,发给每位学生几张家用电器的卡片,每张上有一种电器,并标有拼音和汉字。然后,要求学生使用正反疑问句做交换卡片的游戏。如：

A：你有没有电视机？

B：我有。你要不要电视机？

A：我要。

B：给你电视机。我要冰箱,你有没有冰箱？

A：我没有。谁有冰箱？

C：我有冰箱。

B：你能不能给我冰箱？

C：好的。

通过上述交换卡片的互动性活动,学生既可以认读拼音和汉字,又可以练习语法。并且,还要仔细听和开口说,从而在趣味性的活动中提高语言技能。

(8) 节奏韵律句朗读

在学习了新课后,教师可以聚合课文的内容和语法点,编写一段音节对称、节律协调的语句,并带领学生进行快速朗读。

比如,学习"能愿动词+动词":

  你想喝什么?我想喝咖啡。你要喝几杯?我要喝两杯。

又如,学习介词结构"往+动词":

  邮局在哪儿?一直往前走。饭店在哪儿?前面往左拐。

再如,学习"形容词的重叠形式":

  蓝蓝的天空白白的云,绿绿的草地红红的花。
  高高的山上白云飘,浅浅的水下鱼儿游。

这种节奏韵律句的朗读能使学生学起来较为有趣,且不易遗忘。如果学生能把这些语句背得滚瓜烂熟,那么就不仅掌握了新学的语法,而且在使用的时候也能较顺利、正确地"输出"了。

附:初级汉语阶段基本语法项目

从中国对外汉语教学(长期进修)的情况来看,汉语水平为零起点的学生通过一个学期的学习(约360—400学时左右),应掌握一些最基本的语法项目。由于其中包含汉语的基本语法结构,因此它们是学生学好汉语语法的基础,也是教师必须了解的。

下面,结合教学实践,将初级汉语阶段最基本的40个语法项目罗列出来,并配上典型的例句来加以说明:

1. 汉语的基本语序

  主语+谓语+(宾语)

  我 学习 汉语。(动词谓语句)
  他 很忙。   (形容词谓语句)

2. 用"吗"、"呢"、"吧"的疑问句

  明天我去公园,你去吗?|我是北京人,你呢?|你是学生吧?

3. 用疑问代词"谁"、"什么"、"哪儿"、"怎么"的疑问句

  他是谁?|这是什么书?|你去哪儿?|你怎么去?

4. 正反疑问句

(1) 用"是不是"、"有没有":

你是不是中国人？
你有没有词典？

(2) 用一般动词：

你去不去北京？

(3) 用形容词：

单音节形容词：你的书多不多？
双音节形容词：她漂亮不漂亮？（或：她漂不漂亮？）

5. 用"A 还是 B?"的选择疑问句

你喝咖啡还是啤酒？
你去商店还是(去)书店？

6. 能愿动词句

形式：能愿动词＋动词

(1) 表意愿的能愿动词(主要是：想、要、应该)：

我想去北京。｜他要去医院。｜你应该学习汉语。

(2) 表可能的能愿动词(主要是：会、能、可以、可能)：

今天他会来。｜我能说汉语。｜我可以帮助你。｜明天他可能去北京。

(3) 正反疑问句的形式：

单音节能愿动词：你想不想去北京？
双音节能愿动词：我应该不应该去？（或：我应不应该去？）

7. 动态助词"了"

形式：动词＋了(表示动作完成,时间可以是过去、将来、平时或现在)

昨天,我去了学校。
明天,我吃了早饭去学校。
平时,我吃了早饭就去学校。

8. 语气助词"了1"

形式："了"在句尾(表示事情已经发生)

现在,他去书店买书了。（表示"去书店买书"这件事已发生）

9. 语气助词"了2"

形式："了"在句尾(表示变化,"了"前可以是名词、形容词、动词)

现在是夏天了,天气热了,可以游泳了。

10. 动态助词"了"+数量词+语气助词"了"

(1) 表示动作至今已持续的时间:

现在,我学汉语学了一年了。

(2) 表示动作至今已达到的数量:

来中国后,我买了十几件衣服了。

11. "要……了、就要……了、快……了、快要……了"(表示动作或事情很快会发生)

要下雨了。/新年快到了。/汽车快要开了。
我明天就要(×快要)回国了。("快要"前不能用时间词语)

12. 动态助词"着"

形式:动词+着(表示动作或状态的持续)

外边下着雨,刮着风。(动作的持续、动态)
教室里的窗开着,门关着。(状态的持续、静态)

13. 动态助词"过"

形式:动词+过(表示过去的经历)

我去过北京,没有去过上海。

14. 表示动作的进行

形式:在/正在/正+动词……(呢)

他在看书(呢)。|他正在看书(呢)。|他正看书呢。
外边在下着雨。|外边正下着雨。(可以与"着"一起用)

15. 定语(用在名词前)

(1) 说明领属关系,要用"的":

这是我的书,那是他的笔。

(2) 说明人或事物的性质,不用"的":

他是汉语老师。|这是中文书。

(3) 说明亲属关系或单位,一般不用"的":

我爸爸是老师。|那是我们学校。

16. 状语（用在动词/形容词前）
(1) 副词作状语：

   我常常去公园。|他很高。

(2) 介词短语作状语（介词主要是：在、从、跟、给、往、对）：

   我在中国学习。|他从美国来。|我跟中国老师学汉语。
   我给妈妈写信。|你往前走。|我对他说了这件事。

(3) 双音节形容词作状语，常用"地"：

   他高兴地说："见到你，我很高兴"。

(4) 单音节形容词作状语，不用"地"：

   你快走！

17. 结果补语（用在动词后，补充说明动作的结果）
(1) 动词＋动词（懂、见、完、在、到、给……）：

   我听懂了。|我看见他了。|作业做完了。
   车停在门口。|他走到门口。|我送给他一本书。

(2) 动词＋形容词（对、错、好、清楚……）：

   你回答对了。|这个字写错了。|饭做好了。|我听清楚了。

18. 简单趋向补语（用在动词后，表示动作的趋向）
形式：动词＋上、下、进、出、回、过、起/来、去

   我爬上山。|他走进教室。|他跑回家。|我穿过马路。|你拿起书。
   你进来，我出去。

动词后有宾语，并有趋向补语"来/去"的情况：
(1) 宾语是处所词语的形式：
   动词＋处所词语＋来/去

   明天他回北京来。|他进图书馆去了。

(2) 宾语是事物词语的形式：
   动词＋来/去＋事物词语

   我借来一本书。|他拿去一张纸。

19. 复合趋向补语（用在动词后，表示动作的趋向）
形式：动词＋上来、下来、进来、出来、回来、过来、起来

上去、下去、进去、出去、回去、过去

我走上来。|你走进来。|他跑回来。|你走过来。|我站起来。
我走上去。|你走进去。|他跑回去。|你走过去。

(1) 宾语是处所词语的形式：
动词＋上、下、进、出、回、过＋处所词语＋来/去

他走上楼来。|他走进教室来。|他跑回家去。|他走过马路去。

(2) 宾语是事物词语的形式：
宾语前有数量词的两种形式：

他拿出来一本书。——他拿出一本书来。

宾语前没有数量词的形式：

他拿出书来。

20. 程度补语（用在形容词后，表示程度）
形式：形容词＋极了/死了/坏了/得很/多了/得＋不得了

他高兴极了。|我饿死了。|他累坏了。
今年冬天冷得很。|我比他高多了。|我累得不得了。

21. 可能补语（用在动词后，表示能力或可能性）
形式：动词＋得/不＋结果补语|趋向补语
(1) 表示能力：

这本书我看得懂，他看不懂。

(2) 表示可能：

他们明天回得来，我们明天回不来。

22. 情态补语（用在动词后，表示对情况、状态的说明或评价）
形式：动词＋得＋程度副词（非常、很、比较、不太……）＋形容词
(1) 动词后没有宾语的形式：

他跑得很快。

(2) 动词后有宾语，有两种形式：

动词＋宾语＋重复动词＋得＋形容词短语：他学汉语学得很好。
宾语提前：汉语他学得很好。——他汉语学得很好。

23. 时量补语（用在动词后，表示动作持续多长时间）
形式：动词＋时量词（表时段词）

(1) 动词后没有宾语的形式：

我在北京住了一年。

(2) 持续性动词后有宾语，有三种形式：

动词＋宾语＋重复动词＋时段词：我学汉语学了一年。
动词＋时段词＋(的)＋宾语：我学了一年(的)汉语。
宾语提前：汉语我学了一年。——我汉语学了一年。

(3) 非持续性动词后带宾语的形式：

动词＋宾语＋时段词：他离开中国一年了。

(4) 宾语是人称代词的形式：

动词＋人称代词＋重复动词＋时段词：我等他等了十分钟。
动词＋人称代词＋时段词：我等了他十分钟。

(5) 副词/能愿动词放在重复动词前：

我学汉语只学一年。｜我学汉语要学一年。

24. 动量补语(用在动词后，表示动作的数量、次数)
形式：动词＋动量词(主要是"次、遍、下")
(1) 动词后没有宾语的形式：

你去一次。｜你看一遍。｜你等一下。

(2) 动词后有事物宾语的形式：

动词＋动量词＋事物宾语：我看一次电影。｜他读一遍课文。｜你听一下录音。

(3) 动词后有人称代词宾语的形式：

动词＋人称代词宾语＋动量词：昨天，我找了他三次。

25. 连动句
形式：有两个以上的动词

他去商店买东西。
昨天，他开车去书店买了一本书。("了"在最后一个动词的后面)

26. 兼语句
形式：A 请/让/叫　B＋动词

我请他来。
老师让学生写作文。
爸爸叫儿子去买东西。

27．双宾语句

形式：A＋动词＋B＋宾语1(人)＋宾语2(事物)

(1) "给予"类动词(给、送、教、告诉……)：

他给我一本书。｜我送他一支笔。｜他教我汉语。｜我告诉他一件事。

(2) "取得"类动词(借、问、拿、收……)：

你借我一点儿钱。｜我问老师问题。｜他拿了我一本书。｜我收他五元。

28．主谓谓语句

形式：大主语＋小主语＋谓语

他个子很高。｜杭州(的)风景很优美。
那本书我看过了。

29．存现句

形式：处所词语＋动词＋名词

(1) 表示存在：桌子上有一本书。
(2) 表示出现：前边来了一个人。
(3) 表示消失：停车场上开走了一辆车。

30．用"比"字句表示比较

(1) 肯定形式：A 比 B＋形容词

我比他高。

否定形式：A 没有 B＋形容词

我没有他高。

(2) A 比 B 更/还＋形容词：

我很高,他比我更/还高。

(3) A 比 B＋形容词＋数量词/一点、一些/得多、多了：

我比他高五公分。｜我比他高一点(一些)。｜我比他高得多(多了)。

(4) A 比 B 早/晚//多/少＋动词＋数量补语(＋宾语)：

我比他早来五分钟。

我比他多吃了一个面包。

(5) "比"字句中有情态补语,有两种形式:

我比他来得早。
我来得比他早。

31. 用"A 跟 B(不)一样+(形容词)"表示比较

我的书跟他的书一样。|我的书跟他的书不一样。
我跟他一样高。|这个房间跟那个房间不一样大。

32. 用"A 有/没有 B(这么/那么)+形容词"表示比较

他有我这么高。
我没有他高。(或:我没有他那么高)
他有你高吗?(或:他有你这么高吗?)

33. 动词重叠(表示时间短,或尝试、轻松、随便义)
(1) 动作还没有发生,单音节动词之间可用可不用"一":

这个问题,我要想想。——这个问题,我要想一想。

(2) 双音节动词之间不能用"一":

这个问题,我们要研究(× 一)研究。

(3) 动作已经完成,动词之间要用"了":

这个问题,我昨天想了想。

(4) 用"在"、"正在"等表示动作的进行,动词不能重叠:

他正在听(×听听)音乐。

34. 形容词重叠(有生动、形象的描写作用)
(1) 单音节形容词的重叠形式:AA

她有一双大大的眼睛。

(2) 双音节形容词的重叠形式:AABB

一个干干净净的房间。

(3) 形容词重叠作定语,或单独作谓语,后边要用"的":

一双大大的眼睛。/一个干干净净的房间。
她的脸红红的。/大家都高高兴兴的。

(4) 重叠的形容词前,不能用程度副词"很"等:

　　她穿得(× 很)漂漂亮亮的。

35. "把"字句

形式:A(施事)把 B(受事)+动词+其他成分(了、宾语、补语……)
语义:强调动作使受事宾语产生"移动、变化、某种结果"等

　　我把门关了。(动词后用"了")
　　你把这本书给他。(动词后用宾语)
　　我把作业做完了。(动词后用"结果补语")
　　你把箱子拿上来。(动词后用"趋向补语")
　　你把课文读一遍。(动词后用"时量补语")

(1) 宾语一般是确指的,或双方都知道的:

　　你把这本书(× 一本书)给他。

(2) 能愿动词/否定词,要放在"把"的前边:

　　我要把这本书给他。
　　我没把这本书给他。

(3) 动词后有补语"在、到、给、成",并表示改变某事物的位置或形态时,常用"把"字句:

　　我把车停在门口。
　　我把书放到桌上。
　　我把笔还给老师。
　　我把这本英文书翻译成中文。

36. 被动句

(1) 用"被"的"被"字句:

　　形式:A(受事)被 B(施事)+动词+其他成分
　　语义:多用于表示"不如意"的情况

　　我的词典被他借走了。
　　我的钱包被人偷了。(用"人"时,表示不易或无法说明 B 是谁)
　　大树被刮倒了。(无须说明施事时,B 可不出现)

(2) 不用"被"的被动句:

　　形式:受事(话题)+动词+其他成分

　　饭吃完了。|信写好了。

37. "是……的"句

(1) 说明领属、质料、归类(可理解为"的"后省略一个名词)：

这本书是我的。(领属)
这张桌子是木头的。(质料)
王老师是教汉语的。(归类)

(2) 强调已发生动作的时间、地点、方式：

他是昨天来的。(强调发生动作的时间)
他是从北京来的。(强调发生动作的地点)
他是坐飞机来的。(强调发生动作的方式)

(3) 表示看法、态度或评价：

我认为,你打人是不对的。｜我觉得,他的态度是认真的。

38. **定语的一般顺序**

名词｜代词＋指示代词＋数量短语＋形容词/名词＋中心语

学校		这	两个	新		学院
	她	那	五件	漂亮的	丝绸	衣服

39. **状语的一般顺序**

时间＋ 处所＋范围＋程度＋情态/方式＋介词短语＋动词/形容词

我们			都				对他	很热情
我们		在学校		很	认真地	跟老师	学习汉语
我们	昨天	在家里	都	很	高兴地	给他	打了电话

40. 复句及关联词语

(1) 并列关系复句：一边……一边;有时……有时;是……不是;不是……而是;又……又

他一边走一边唱。｜我有时去商店,有时去书店。｜他是老师,不是学生。｜
他不是老师,而是学生。｜他又聪明又努力。

(2) 连贯关系复句：……,就……;……,才……;……,又……;……,然后……;一……就……

他看了一下,就走了。｜我听了半天,才听懂。｜他吃了菜,又喝了酒。｜
我先去书店,然后去商店。｜他一下课就回家。

(3) 递进关系复句：不但/不仅……而且

我不但学习汉语,而且学习中国文化。|他不仅会唱歌,而且会跳舞。

(4) 选择关系复句:是……,还是……;或者;或者……或者;要么……要么

明年你学习还是工作?|我明年去北京,或者去上海。|
或者你去,或者他去,都可以。|路太远了,我们要么坐车去,要么骑车去。

(5) 因果关系复句:因为……所以

因为天气不好,所以我没去公园。

(6) 转折关系复句:虽然……但是/可是

虽然身体不好,但是我一定要去上课。

(7) 条件关系复句:只要……就;只有……才;如果……就;要是……就

只要你同意,我就去做。|只有努力,才能学好汉语。|
如果明天不下雨,我就去公园。|要是你早点来,就能看见他了。

需要说明的是:

1. 上列40个语法项目及其说明,是针对汉语水平为零起点学生的。因此,某些项目中的说明并不涵盖其所有的语法现象。如"把"字句的用法和使用条件还有很多,其中有些应是高一级汉语程度学生学习的。

2. 以上各语法项目的说明与板书的写法,都仅是举例性质的。在实际教学中,可根据学生的具体情况作出增补、删减或改写。

3. 其中个别语法项目的术语与一些现代汉语教材中的术语不尽一致,只是在对外汉语教材中普遍采用的。如一些现代汉语教材中没有"可能补语"的说法,只有结果补语和趋向补语可能式的说法。

此外,有关对外汉语语法教学中的一些基本项目,可以参考的书籍也有很多[①]。

在这些书籍中,对一些基本语法项目的分类和介绍都较为通俗易懂、简洁明了,在教学中具有较强的实用性。

第四节 汉字教学法

从汉字的数量来说,其总数是很多的。在《说文解字》中有9353个,在《康熙字

[①] 如:卢福波,《对外汉语教学实用语法》,北京语言学院出版社,1996。
吴颖,《轻轻松松学语法——对外汉语教学语法纲要》,北京语言大学出版社,2011。

典》中有47035个,在《汉语大字典》中则有56000多个。即使是现代常用汉字和通用汉字,也在3000到7000个之间。例如:

国家语言文字工作委员会和国家教育委员会(1988)公布的《现代汉语常用字表》,共收常用字3500个。这些都是现代汉语书面语中使用频率最高的汉字,共分为两级。其中,一级常用字2500个,二级次常用字为1000个。

国家语言文字工作委员会和新闻出版署(1988年)发布的《现代汉语通用字表》,共收字7000个。这些都是书写现代汉语通常要用的汉字,其中也包括了《现代汉语常用字表》中的3500个常用字。

从中国国内一些具有指导性的对外汉语教学大纲,或汉语水平考试大纲来看,其中所列汉字的总量也是不少的。例如:

在《高等学校外国留学生汉语教学大纲》(长期进修)中,所列汉字有2605个:初等阶段学习的为1414个,中等阶段学习的为700个,高等阶段学习的为491个。

又如,在《汉语水平词汇与汉字等级大纲》中,所列汉字有2905个。这些汉字按书面语中使用频率的高低,依次划分为甲、乙、丙、丁四级:甲级字800个,乙级字804个,丙级字601个,丁级字700个。其中,"甲、乙、丙"这三级为常用汉字,共2205个。

再如,在国家汉办和教育部社科司(2010)研制的《汉语国际教育用音节汉字词汇等级划分》中,将汉字教学的基本量定为2700个,并分为普及化等级、中级、高级这三大等级:普及化等级的一级汉字为900个(其中最低入门等级汉字为300个);中级的二级汉字为900个;高级的三级汉字为1200个(高级汉字900个+高级"附录"汉字300个),总汉字量共计3000个。

综上可见,对于"非汉字文化圈"国家中初次接触汉字的外国学生来说,如果要让他们学习这么多的汉字,那么无疑是十分困难的。从对外汉语教学的实际情况来看,有不少学生学习了一段时间的汉语后,就再也学不下去或难以继续提高了,其中的一个重要原因就是汉字过不了关。因而,如何帮助他们克服汉字学习中的障碍,是一个非常值得研究的问题。

对此,有必要先从现代汉字的特点来分析一下其中易于学生学习的方面,以及不易于他们掌握的方面。以下,对此做一简要举例说明:

易于学生学习的方面

1. 一些汉字具有形体表意的特征,能"以形显义"。如看到"日、口、门、山",可从其字形联想到字义;见到"林、明、泪、从",可从其组成成分猜测出大致含义。

2. 形声字有表音成分,声符表音有助于学生推测汉字的读音。如"吗、妈、码、骂";"请、清、情、晴"等字,如果学生学过其声符,就能推测出这些汉字的大致读音。

3. 现代汉字的数量虽然很多,但根据2005年教育部、国家语委发布的《中国语言生活状况报告》中显示的统计数据来看:

认识 600 来字,可覆盖汉语书面语的 80%;
认识 934 个字,可覆盖汉语书面语的 90%;
认识 2400 个字,则可覆盖汉语书面语的 99.99%。

就此数据中认识 900 多个汉字即能看懂 9 成中文读物来说,外国学生需要掌握的汉字数量并不是很多。

不易于学生掌握的方面

汉字的字形不仅记录汉语中的音节,而且还有字义。作为一种形、音、义结合体的文字,汉字除了数目繁多以外,其复杂性还表现在很多方面。例如:

1. 不少汉字笔画繁多,或字形结构复杂。如以《现代汉语通用字表》的 7000 字为例,据统计,这些字平均笔画为 10.75 画(其中 9 画字最多,其次是 10 画和 11 画),有些汉字的笔画甚至达到几十画。又如,从合体字的结构模式来看,可以分为上下结构、左右结构、包围结构。其中,又可分出上中下、左中右、全包围和半包围结构等。

2. 汉字符号在表音、表意上,具有多功能性。如"门"这个汉字,在"间、闸"中是表意;在"闽、问"中是表音;在"闷"中则既表音又表意。对于不精通文字学的人来说,很难搞清楚它们什么时候表意,什么时候表音,什么时候既表音又表意。

3. 形声字的声旁虽然有一定的表音功能,但是随着几千年来语音的变化,一些形声字的声符表音已不准确。如"客、路"的声旁都是"各";"红、江"的声旁都是"工",但是这些字中的声符都不能准确表音了。

4. 汉字在表意上存在着多义性,有的汉字是一字多义。如"口"字,在一些汉字中所表示的意义完全不同:嘴(与嘴巴有关)、向(与窗户有关)、谷(与地方有关)。即便都是和嘴巴有关,具体意义也不同,如"唇、喉、嗓"是与口有关的人体部位;"吃、喝、喊"是嘴巴的动作;"吗、吧、呢"是表示语气的词;"知、听、售"则是间接意义的关系。

5. 由于汉字形体的演变和汉字的简化,在现代汉字中,还有不少既不表音又不表义的符号,如"鸡、邓、戏、难"中的"又";"区、风、赵"中的"乂",都是与语音和字义没有联系的构字记号。

上述这些复杂性的存在,都会给外国学生(尤其是非汉字文化圈国家的学生)学习汉字带来困难。或者说,他们认为汉字难认、难写、难记也是正常的和难免的。

从教学实践情况来看,无汉字背景的学习者在认知汉字时,其方式是多种多样的:有的是通过强记整个汉字的字形,并加上读音来识记;有的是看拼音读出汉字的语音,再把语音跟实物或意义联系起来记忆;有的是利用其他一些因素来认知汉字,如:笔形奇特的、字形可联想的,或出现频率较高的字,等等。

目前,在对外汉字教学领域,究竟哪种教学方法是最好的,实际上是没有定论的。但是,许多学者都认为课文中出现什么字就学什么字的"随文识字"不是一个好方法。以初学汉语者为例,通常首先接触和学习的汉语是"你好"、"我很忙"、"谢谢"、"再见"等。其中不少字都是合体字,且有的字或笔画繁多,或结构复杂(如:我、谢、再)。因此,尤其是对于非汉字文化圈的学生来说,初学汉语时就要能记住或写出这些汉字,难度确实是比较大的,有些学生甚至会因此而失去学习汉字的信心。

为此,在对外汉语教学界,不少学者都对汉字教学提出了一些其他的教学理念、模式和方法。例如:

(1) 先语后文:先学语言,再学文字。
(2) 认写分流:认汉字和写汉字分开要求。
(3) 基本部件学习:如重点学习字形中不可再拆分的部件。
(4) 集中识字:如学习具有共同形旁的一组汉字。

又如,在识字应该按什么顺序来进行的方面,也有下列不同的理念或做法:

(1) 按字频高低顺序:如先学常用字,再学次常用字、非常用字。
(2) 按字义分类顺序:如按"人体、用品、天文、地理、动物、植物"等类别排列。
(3) 按字形结构顺序:如先学"人",次学"大",再学"太"等,逐步扩展。

实际上,无论是哪种理念或做法,都应该遵循从先易后难、先简后繁的学习规律。就此而言,最理想的汉字教学排列顺序是能从纵向和横向两个方向延展。如以先学"人"和"木"为例,其纵横的延伸扩展可图示如下:

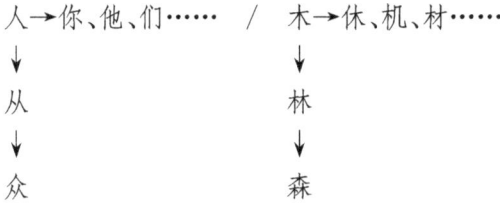

但是,这也许只能说是一种最理想的方式,实际做起来是非常困难的,主要原因就在于汉字的构造形式是相当复杂的。

目前,在对外汉字教学中,学者们还在对一些问题进行探讨和研究。如:究竟一共要学习多少个汉字?到底应该掌握哪些汉字?哪些汉字应该既能读又会写?哪些汉字只要能够认读?哪些汉字还要会书写?等等。

一、教学原则

1. 重视基本笔画、笔顺的教学

汉字是由笔画构成的,即笔画组成部件,部件再构成整字。因此,首先要让学生掌握好"横、竖、撇、点、捺、提、折"这些基本笔画。

同时,还要让学生了解书写汉字时的基本笔顺,如"先上后下、先左后右、先横后竖"等书写笔画的先后顺序。学生把握好了汉字的字形,并养成了按笔顺书写的习惯,才能写出端正和美观的汉字。

2. 加强字形结构方式的教学

在汉字中,有相当大一部分字的构造原来是有理据的。如果学生能掌握一些汉字构字方式的知识,就有助于推想出某些汉字的意义类属,如:

偏旁为三点水的"江、河、湖、海"等,大多与"水"有关;偏旁为言字旁的"语、说、话、讲"等,大多与用"口"的动作有关。

此外,在汉字的构造方面,按构成汉字部件的多少,有独体字、合体字之分。而在合体字中,又有"上下、左右、包围"这三种基本模式及其派生出来的数种结构形式。所有这些,也都是需要让学生了解和掌握好的。

3. 阐明汉字形、音、义之间系联的特点

汉字是形音义的结合体,因此在汉字教学中(尤其是形声字教学),教师除了要说明字形的结构方式,还应尽可能阐明音义符的表音、表意功能。以讲授"闷"这个形声字为例,就可说解这个字笔画的数量、部件的构成,以及其音符表音、义符显意的系联特点,如:

首先,说明"闷"的笔画共7画,由"门"和"心"两个部件组成,音符是"门",义符是"心"。其次,说明"闷"的发音与"门"近似,而"心"在密闭的"门"里,就是表示心里不快乐、心情不好的意思。

4. 注重独体字的教学

在汉字教学体系中,教师应优先考虑让学生学习和积累独体字。原因在于:多数独体字的笔画较少,而且它们也是多数合体字的构字部件。

独体字是只有一个部件构成的字(如:人、口、木、刀、马……),而且不少独体字的构字能力是很强的。例如,在现代汉字中,有不少独体字都是合体字的偏旁:

有的为形旁,表示某种意义范畴(如以独体字"木"为形旁的合体字,其义多与树木有关);有的为声旁,表示某种读音(如以独体字"马"为声旁的合体字,其音多为 ma)。

因此,先教独体字再教合体字,不仅易于学生掌握,而且有助于学生认读、书写、联想和记忆。

值得一提的是:在独体字的教学中,又应以象形字的教学为主。实际上,汉字是有系统的,它是以象形字(如:人、口、木、刀、山、日……)为中心形成的一个个辐射网。大部分的指事字(如:上、下、刃、本……)、所有的会意字(如:林、从、众、休……)和形声字都是由象形字构成的。并且,象形字不仅使用频率最高,而且笔画也最少。据有关研究统计,在2500个高频一级常用字中:象形字有290个,且超过三分之二的象形字都在六画之内,这就易于学生认读和书写。

因此,如果学生能学好一些构字能力很强的象形字,那么学习其他汉字就会容易得多,至少不用每一个生字都去抄一遍。例如:学生先学习了象形字"女"、"子"、"马",再学习会意字"好"、形声字"妈",就会非常容易。或者说,采用这种做法可取得事半功倍之效。同时,这样做也符合汉字的构成规律(从象形字到会意字、形声字),以及先简后繁的识字教学规律。

当然,至于究竟应该选择哪些构字能力很强的独体字(包括:象形字、会意字)、部件(包括:偏旁、部首),或笔画少的字、常用的字,其识字的先后次序又该怎样编排才是合理的,仍然是一个值得深入探讨和研究的问题。

例如,有些学者提出,在基础汉语阶段,主要应让学生学习《汉语水平考试词汇与汉字等级大纲》中的 800 个甲级汉字,以及构成这 800 个汉字的 300 多个部件。但是,在该大纲中,对甲、乙、丙、丁四级汉字的选择与分级,是依据甲、乙、丙、丁四级词汇的级别与次序来确定的,即在分级和编排次序上,是按照词汇使用频率的高低而定的,所以并未能充分反映出汉字本身的构成规律,以及先简后繁的汉字教学规律。

因而,如何建立科学的汉字教学体系,还需要对整个汉字体系的构成规律进行分析统计,做出精心归纳和编排。例如:

(1) 静态的分析:包括汉字的造字法、间架结构、笔画等。
(2) 动态的分析:包括汉字使用的频率、独体字组成合体字的数量等。
(3) 动静结合的分析:包括不同结构的字与使用频率的关系、不同笔画的字与使用频率的关系等。

综上所述,汉字是一个非常复杂的符号体系,而创建科学、合理、有效的汉字教学体系也是一个规模巨大的系统工程,需要不断地进行深入的研究。

二、教学方法

(一) 展示汉字的方法

1. 板书展示

例如,展示笔画:

横(一、二、三)、竖(十、工、上)、竖勾(水、月、门)……

又如,展示结构:

左右结构(你、汉)、上下结构(字、是)、包围结构(回、画)……

再如,展示部件:

十(什、支、南)、弓(引、张、弛)……

此外,还可展示学生不易辨认,或容易写错的形近字:

干—千、厂—广、办—为、我—找……

2. 图片展示

例如,展示用图画或多媒体课件描摹的汉字:

山、水、日、月、雨……

又如,出示有形、音、义的卡片:

正面是汉字"美"及其拼音,反面是 beautiful。

(二)讲授汉字的方法

1. 边说边写

比如,在讲授"下"这个字时,可以一边说"xià",一边写给学生看这个字"横、竖、点"的笔画和笔顺。

又如,在写"明"这个字时,可以说:左边是"日",右边是"月",这个字是"明天"的"明"。

2. 依形释字

比如,学习单人旁的字"你、他、位、休、住",草字头的字"花、草、茶、菜",可以告诉学生前者都与人或人的动作有关,后者都与草之类的植物有关。

又如,学习"甭"这个字,可以解释说:这个字的上面是"不",下面是"用",意思就是"不用"。

3. 利用声旁推测读音

比如,在学习"青"旁系列的形声字"清、晴、请"等时,可以告诉学生这些字的发音都含有 qing 的读音。

但是,依据声旁推测读音时,需要让学生了解的是:有些汉字的声旁并不能准确地表音,如前所说"客、路"的声符都是"各";"红、江"的声符都是"工",但这些字中的声符都不能准确表音了。又如,有些汉字虽然声母相同,但韵母不同,以"兵"为例,它是后鼻音,在"槟"中也是后鼻音,但是在"宾、滨"中却是前鼻音。

4. 字源释义

所谓"字源",就是汉字形、音、义的来源。字源释义就是通过解析汉字形体的来源,来说明字义的方法,一般用于形象性较强的象形字、指事字、会意字的解释。

比如:在讲授"众"时,可以说这个字有三个"人",字义就是很多人。

又如:在讲授"炎"时,可以说这个字有两个"火"字,就是表示很热。

再如:在讲授"安"时,可以说上边的宝盖头"宀"像房屋,下边是一个女人,意思是女人在家里就安全。

此外,还有一种"俗字源释义"的方法,即采用并非完全科学的"俗解"来说明汉字的意义。比如,"好"这个字,按字源来说,是由"女"和"子"组成的,原来的本义是形容女子漂亮。但是,也可采用俗字源释义的方法说成:有妻子,有儿子,就是"好"。又如,学习"买"和"卖"时,可以说成:没有"十"要去买,有了"十"才可以卖。

需要说明的是:俗字源释义并不具有很科学的理据性,或者说随意性是很大的。但是,如果不是解释得太荒诞不经,并能易于学生理解、记忆,那么也是可以采用的。

(三) 练习汉字的方法

1. 字形分析练习

比如,可以给出汉字"非、金、体"等,让学生数一下它们的笔画是多少。尤其是带有折笔的汉字(如"女、巨、印、弓"等),其笔画与笔顺更要让学生多练习。

又如,可以给出"照、意、语、音、谢"等结构形式比较复杂的汉字,让学生说出其中有哪些部件。

再如,可以给出"天"和"关"、"为"和"办"、"休"和"体"等形近的汉字,让学生辨析它们之间的不同。

2. 增添笔画练习

比如,可以给出一个汉字,让学生增添一笔或多笔,使之成为一个新的字:

给出"大",增添一笔可成为:太、天、夫
给出"口",增添两笔可成为:田、只、可
给出"女",增添三笔可成为:如、她、妈

3. 拼合部件练习

比如,可以给出一些部件,让学生拼合部件写汉字:

"十十口",可拼合成:古、叶
"立、月、生十日",可拼合成:明、音、胜、星

又如,可以给出 A、B 两组的几个部件,让学生将它们拼合成其他汉字:

A 组部件:木、女、又 | B 组部件:子、寸、口
可拼合成:李、村、好、如、对……

此外,在汉字的操练上,教师也可以采用一些游戏或比赛的形式,让学生在趣味性的活动中进行练习。例如:

(1) 认读练习

比如,教师可以采用识字卡片,让学生来进行一些认读汉字的比赛:

* 指字:教师出示几张汉字卡片,让学生先指后念。如:某学生指到一张卡片中的字,并且念对了,就可以把这张字卡拿走。最后,谁手中的字卡多,谁就获胜。

* 摸字:教师在盒子里放几张汉字卡片,让学生轮流摸出一张。某学生念对

了,就可以把字卡拿走;念错了,则要把字卡放回盒子。最后,手中字卡多者获胜。

(2) 记字练习

比如,教师可出示几张写有若干汉字的卡片,要求学生在规定的时间内(如十几秒钟)看了后,凭记忆说出字卡上的字。谁说出的字多,谁就获胜。

(3) 拼字练习

比如,教师可以准备两组汉字卡片,一组是若干个形旁,一组是若干个声旁,让学生将它们拼合成形声字。谁拼出的字多,并能念对,谁就获胜。

(四) 查字典/词典的方法

因为有些外国学生在用字典或词典查汉字时,往往不知道所查汉字的读音,所以这里主要是介绍按字形检字的方法:

1. 介绍部首

"部首"具有字形归类的作用,是专为汉字分类检索而设立的部目。在《新华字典》、《现代汉语词典》等字典或词典中都设有"部首检字表",且部首次序是按笔画数目来排列的。

学生了解与掌握了部首及其编排顺序,才能较顺利地检索到要查的汉字。如学生要检索"什、从、住",教师就要让其在学会切分这些合体字部件的基础上,说明这些字的部首是单立人,并可以从部首目录2画中的"人"(亻)部去查找。

2. 说明部首的检索规律

由于初学汉字者往往不知道怎么来找到部首,而且有些汉字的部首是较难确定的,所以教师还要告诉他们一些部首的检索规律。一般来说,部首的检索是有定序的,通常是以起笔的笔画为部首,并大多是以从上到下、从左到右为序。例如:

不、才、开→部首(一)

中、电、果→部首(丨)

为、半、永→部首(、)

需要说明的是:在书写上,对称的字形,通常是先写中间,后写两边,如"山、小、水"等。但是,"火"是先写左右两边的点,再写中间的"人";"坐"也是先写左右两边的"人",再写中间的"土"。因此,对于如何让学生判别起笔,还需要在教学中逐步说明。

第五章　语言技能课教学法

在第二章中,已介绍了语言技能课的课型设置主要就是"阅读课、听力课、口语课、写作课"这四大类。在第四章中,又列举了一些阐述汉语语言要素教学方法的参考书籍,因为在这些书籍中也有对各类语言技能课教学方法的介绍,所以这里就不再重复列出这些参考书籍了。

下面,同样在借鉴以往研究成果的基础上,结合笔者的教学实践经验,分别介绍阅读课(分为：精读课、泛读课)、听力课、口语课、写作课的教学任务和教学方法,并以初级汉语阶段的教案设计举例为主,简要说明制定这些课型教案的基本原则和要领。

第一节　精读课教学法

一、教学任务

在语言技能课的课型分类上,"精读课"是属于阅读课型中的一类。所谓"精读",就是进行分析性的精细阅读,要求阅读者能掌握课文的内容,并理解其中的细节。

从对外汉语精读课的教学任务来说,可概括为以下几点：

1. 让学生掌握语言要素知识

由于掌握词义和语言形式是理解课文内容的基础,因此在精读课教学中通常所注重的是词语意义的讲解,以及语法结构形式的分析。当然,在该课程中,也离不开语音和汉字的教学,尤其当学习对象是初学汉语者时,这些方面的教学更是必不可少的。

2. 训练学生运用语言的能力

在精读课教学中,教师需重视培养学生运用汉语的能力,应想方设法让学生操练所学的汉语要素知识。例如,在讲授了词语或语法项目后,就要让学生通过"说"和"写"等练习形式,不断地去进行运用。这样做,不仅可让学生处于主动的学习状态中,也可避免精读课教学只是让学生"看懂"课文内容的片面性。

3. 帮助学生了解语体或语篇特征

为了提高学习者对课文内容的阅读理解能力,教师还需帮助学生了解课文的语体风格，或语篇结构等方面的特征。

例如：从课文中词语的语体特征来看，有些词语常用于口头语体，有些词语则常用于书面语体，如以下一些词语（或复句中的关联词语）的比较：

> 常用于口头语体：溜达、小气、商量、犹豫、生日、因为……所以、如果……就、哪怕……也
>
> 常用于书面语体：散步、吝啬、商榷、踌躇、诞辰、因……故、倘若……就、纵然……也

又如：从课文的语篇结构特征来看，由于各种文章体裁的不同，语篇的结构也就各具特点。如：

> 叙述性的文体：往往有"开端→发展→高潮→结局"四个部分。
> 议论性或说明性的文体：通常采用"总说→分说→总说"的结构。
> 新闻体裁的文章：往往采用从标题、导语到主体的结构。
> 书信的结构安排：开头是称呼，中间是正文，结尾是祝词和落款。

再如：以语篇中的连接成分为例，其在篇章结构中能起到连贯前后句义的纽带作用。如表序列的"首先、其次、再次"；表总结的"总之、一句话"；表结果的"终于、总算"；表推论的"可见、由此看来"等，都能显示出句子、段落、语篇之间的逻辑结构关系。

在精读课教学中，让学生了解语体或语篇结构方面的特征，不仅可帮助其理解课文的内容，而且也有助于学生运用汉语进行成段的口头或书面表达。

二、教学方法

从现行多数精读课教材教学内容的编排次序上看，大致可分为两大阶段：语音阶段→篇章阶段。需要说明的是：

1. 这里说的"语音阶段"是指：在初级汉语教学阶段中，通常首先安排的语音教学；"篇章阶段"是指：会话体的对话、短文，或较长篇幅等形式的课文及语句教学。

2. 在不少教材的"语音阶段"中，也有采用一些词语、单句，或简短对话形式的课文来进行语音教学的。如此，自然也就会有少量词汇或语句的学习。

这里之所以将教学内容区分为"语音阶段"和"篇章阶段"，主要是因为这两大阶段中的教学侧重点是有所不同的，同时也是为了更清楚地阐明它们在教学方法上的特点。下面，分别对这两大阶段的教学方法做一简要介绍。

（一）语音阶段的教学方法

通常来说，语音阶段的教学时间大约为 2 周左右。从教学的先后顺序安排来

看,有的教材中是集中先教声母,再教韵母,把它们都教完后,再教声调、轻声等。有的教材中虽然也是先教声母、韵母,再教声调、轻声等,但做法是将其分散在各课中来教,即一课只教几个声母、韵母或声调、轻声等。

在近年来编写的教材中,多数是采用后一种分散开来学习的编排顺序。这主要是考虑到要让学生一下子学完汉语拼音,学生可能较难以吸收消化,且会觉得较枯燥无聊。而每课只学习几个声母、韵母或声调、轻声等,则可避免产生这些现象,或减轻学生学习的负担。

1. *教学的重点*

在语音阶段的教学中,主要是让学生掌握汉语拼音,包括:声母、韵母、声调、变调、轻声、儿化,以及音节结构等。在语音训练中,尤需强调能让学生进行正确的拼读和辨音辨调,例如:

(1) 难发或易混的声母,如:

b — p/d — t/g — k/l — n/f — h……
j、q、x — z、c、s/z、c、s — zh、ch、sh……

(2) 难发或易混的韵母,如:

o、e、u、ü、er……
uai — uan/ai — ei/ian — ie/in — ing……

(3) 声调、变调,如:

四声的声调、几个音节连续的变调、"一"和"不"的变调……

(4) 轻声(重点是有辨别词义或区别词性作用的),如:

东西:表方位|表物
买卖:买和卖|生意、交易

(5) 儿化(重点是有辨别词义或区别词性作用的),如:

"画"和"画儿"
"头"和"头儿"

至于怎样进行语音教学,在前边的第四章中已有所介绍,这里就不再重复了。需要说明的是:如上所述,在不少教材的"语音阶段"中,也有结合单句,或简短对话等形式来进行教学的,但一般来说,在词汇方面,主要是一些最常用的实词;在语法方面,也只是一些结构形式最简单的单句,这些都不是"语音阶段"的教学重点。

2. *教案设计举例*

下面,以一段简短对话形式的课文及其教案为例,简要介绍精读课语音阶段的

教学方法(学生对象为零起点,教学课时为80分钟):

  A:你好! Nǐhǎo!
  B:您好! Nínhǎo!
  A:请进! Qǐngjìn!
  B:谢谢! Xièxie!
  A:再见! Zàijiàn!
  B:明天见。 Míngtiān jiàn。

一、教学目标

1. 要求学生掌握新出语音的发音特点及拼读方法,并达到发音基本准确。

2. 让学生能理解生词词义及句义,并能在较流利朗读句子的基础上进行简单对话。

二、教学重点(主要是语音)

1. 声母:j、q、x

2. 难发或易混的韵母:ao — ai;ian — ie;in — ing

3. 轻声的读法:xièxie

4. 三声连读的变调:nǐhǎo

三、教学方法

1. 利用多媒体课件的动态场景展示对话语境,并让学生感知语义和语音语调。

2. 采用多种讲练形式,让学生大量操练语音及辨音辨调。

3. 设置特定情景,让学生运用所学句子进行简单会话。

四、教学环节

(一) 组织教学(2分钟左右)

因为学生为零起点汉语水平,所以教师能做的主要是点名。

(二) 复习检查(14分钟左右)

采用板书和听写,复习检查学生学过的语音知识:

1. 书写板书,让学生快速认读学过的声母、韵母、声韵拼合等。

2. 采用听写,检查学生所学过的汉语拼音,发现问题,及时纠正。

(三) 学习新课(60分钟左右)

1. 播放多媒体课件的动态对话场景,让学生感知语义和语音语调。

2. 学习语音

(1) 教师板书下列新出的语音并领读:

声母:j、q、x

复韵母：ao、ai、ian、ie
鼻韵母：in—ing
轻声：xièxie
三声连读变调：nǐhǎo
教师在领读时，可采用各种辨音辨调的方法。例如：
鼻韵母的"ing"，可采用夸张法突出后鼻音韵母"ng"的发音特点。
"xièxie"中的轻声现象，可采用手势法演示前重后轻的情状。
三声连读变调的"nǐhǎo"，可采用图示法演示声调的变化情况：nǐhǎo→níhǎo。

（2）学生朗读上列板书中的语音，做法是：学生齐读→分角色读→个别读。教师听了后，帮助其纠音正调。

3. 学习生词

在这段新课中，需要学生学习的生词是以下八个：

你、好、您、请、进、谢、再见、明天

教学方法同样是教师先领读，让学生跟读。然后，让学生齐读、个别读等。教师听后，帮助其纠音正调。此外，也可让学生学几个字形结构简单、构字能力较强的汉字，如"女、子、日、月"等。当然，这些都不是本课的教学重点，只要学生见到能认识，或会写几个汉字就行了。

4. 学习对话

（1）教师领读→学生齐读→学生分角色读→教师纠正发音

（2）利用图片、多媒体课件、实地场景等创设情景（如：学生去老师的家、学生上课前进教室与下课后离开教室……），让学生用所学的语句进行会话操练。

5. 补充练习

将新课中出现的声母、韵母与常用词语相结合，并在语流中进行声、韵、调的拼读或辨音辨调。如：

课文中的声母有：j、q、x、z、h、m、n

课文中的韵母有：i、ao、ai、ian、ie、in、ing

能将以上这些声母和韵母组合起来形成的词语是不少的，教师可根据教学的实际情况，选择一些常用的实用性词语，比如：

七(qī)、鸡(jī)、洗(xǐ)、字(zì)、米(mǐ)、钱(qián)

现在(xiànzài)、电脑(diànnǎo)、面包(miànbāo)、孩子(háizi)

此外，在采用这种方法时，也可针对某些易于混淆的声、韵、调，用对比法让学生辨音辨调。如：

写字(xiězì)—鞋子(xiézi)

见面(jiànmiàn)—前面(qiánmiàn)

年纪(niánjì)—年级(niánjí)

这样做，既可让学生觉得不仅练习了语音，而且还学到了一些常用的实用性词语，由此便会对学习产生兴趣，并可避免单纯学习语音而易于造成的单调枯燥现象。

(四) 本课小结(2分钟左右)

主要是以上"学习新课"中板书所展示的语音，可以再带领学生读几遍，或让学生个别读等。

(五) 布置作业(2分钟左右)

1. 书写的内容：课文中出现的拼音，或几个字形结构简单、构字能力较强的汉字。

2. 拼读的内容：熟读几遍课文对话，或以上"补充练习"中常用词语的汉语拼音。

(二) 篇章阶段的教学方法

通常来说，进入"篇章阶段"的教学后，一般是先采用会话体对话形式的课文，然后再过渡到短文及较长篇幅形式的课文。

1. 教学的重点

在篇章阶段的教学中，主要是让学生在掌握汉语词汇和语法知识的基础上，具有阅读理解课文内容的能力，并具有运用所学语言要素知识的能力。

在词汇教学中，除了要让学生逐步积累和扩大实词的词汇量以外，还要特别重视虚词的教学。因为与实词相比，虚词的数量虽然较少，但使用的频率却很高，而且表示的语法意义也相当复杂。

在语法教学中，则尤其要注重汉语基本语法的教学，一定要让学生不断地巩固初级阶段所学的一些基本语法项目(如第四章中所列的40个基本语法项目)。这也是学生能较好地理解课文内容，掌握更多的汉语语法，以及逐步提高语言表达技能的基础。

同时，进入篇章阶段后，语音仍旧要持之以恒地巩固和训练。需要着重突出的是：反映态度、意图或感情的语气、语调，或具有辨别音义作用的重音等。

此外，无论在初级阶段还是中高级阶段的精读课篇章教学中，教师应该明确的是：帮助学生在理解词汇、语法等知识的基础上看懂课文内容，只是最低的基本目标；而培养学生学会运用所学语言要素知识的能力，则是最高的根本目标。也就是说,使学生能将理解性的知识转化为运用性的语言技能是最重要的。

之所以要明确这一点,是因为我们在对外汉语课堂教学中常可发现这么一种情况:有些教师(尤其是较缺乏教学经验的教师)在精读课教学中,往往只是一味地讲解词汇、语法,或只注重课文情节、内容的解释,却忽略了讲授之后的运用性操练。这种做法所造成的结果往往是:教师问学生懂不懂,学生点头说懂了,可学了以后却不会用;而教师也不知道学生是否真的懂了,能否确实会用。这样,就谈不上良好的教学效果了。

至于各教学阶段或等级中语言要素知识、语言技能培养的教学目标,以及词汇、语法的教学内容和教学方法等方面的问题,在前边第二章和第四章中已分别有所介绍,这里就不再赘述了。

2. 教案设计举例

下面,以初级汉语阶段的会话体对话和短文的课文教案为例,简要介绍精读课篇章阶段的教学方法。

例Ⅰ.《问时间》(教学对象为刚学完语音阶段的学生,课时为80分钟)
课文(一)

A:现在几点?
B:现在八点。
替换词语:
七点、十二点、两点
九点十五分、六点三十分、八点四十五分
三点一刻、四点半、五点三刻

生词(包括替换词语):

现在、点、分、刻、半

课文(二)

A:你几点起床?
B:我六点起床。
替换词语:

早上	七点	吃早饭
上午	八点	上课
中午	十二点	吃午饭
下午	三点半	下课

晚上	六点一刻	吃晚饭
	十点三刻	睡觉

生词（包括替换词语）：

起床、早上、早饭、上午、上课、中午、午饭、下午、下课、晚上、晚饭、睡觉

一、教学目标

1. 使学生能掌握汉语的时间表达法，以及表时间词语作状语的语法形式。

2. 要求学生能运用所学的词语，以及表时间的句式进行会话。

二、教学重点

1. 时间表示法

如：现在八点。

2. 表时间词语作状语的语法形式

如：我六点起床。

三、教学方法

1. 运用图片、钟表、多媒体等直观手段，展示汉语的时间表达法。

2. 让学生在多种活动性操练中，学会运用所学的词语和语法形式。

四、教学环节（共 80 分钟）

（一）组织教学（2 分钟）

如：点名，问候，或说明今天要学习的课文是"问时间"等。

（二）复习旧课（5 分钟）

提问学生前一课所学的内容。如"今天是几月几号？"、"今天是星期几？"等。

（三）学习新课（70 分钟）

1. 学习生词

在课文（一）和课文（二）中，共有 17 个生词。如果学生在课前已经预习过生词，那么可让几名学生上讲台听写，在黑板上写下教师所读的生词。对于学生听写中写错的，可师生共同改错。然后，教师再领读几遍。

至于听写生词的方式，可以有两种：一种是依课文内容出现的生词顺序来听写。另一种是采取分类处理的方式，对这 17 个生词做出分类排列来听写。例如：

甲听写"时间名词"：现在、早上、上午、中午、下午、晚上

乙听写"计时量词"：点、分、刻、半

丙听写"名词"：早饭、午饭、晚饭

丁 听写"动词":上课、下课、起床、睡觉

2. 扩展练习

可采用从词到短语,再到句子的形式,先由教师领读,学生跟说,再由学生自己对某个词语进行扩展。如:

早饭 → 吃早饭 → 我吃早饭

晚饭 → ……　　→ ……

3. 学习课文(一)

(1) 朗读课文:教师领读→学生跟读→学生分角色读

(2) 讲解语法:汉语的时间表达法

板书1.(可采用汉字或符号)

主语(S)＋时间词(T)

现在　　　八点。

(3) 操练:

首先,让学生做课文后边"替换词语"的练习。

其次,教师可拿出钟表,并拨动钟表的指针,提问学生"现在几点?"。

再次,让某个学生拨动钟表的指针,请其他学生回答。

4. 学习课文(二)

(1) 朗读课文:教师领读→学生跟读→学生分角色读

(2) 讲解语法:表时间词语作状语的语法形式

板书2.(可采用汉字或符号)

时间词(T)＋动词(V)

八点　　　　上课。(×上课八点)

(3) 操练:

首先,让学生做课文后边"替换词语"的练习。

其次,教师采用聚合课文中词语和语法形式所编写的几段音节对称、节律协调的语句,带领学生进行快速朗读。

板书3.

＊你几点上课? 我八点上课。

　他几点睡觉? 他十点睡觉。

＊早上六点起床,上午八点上课,

　下午四点下课,晚上十点睡觉。

再次,教师在黑板上写出一天中的某些时间及其活动,让学生互相问答

(如：甲问乙"你早上几点起床？"，乙听后作出回答)：
板书 4.

早上	6:00	起床	6:15	吃早饭
上午	8:30	上课	11:45	下课
下午	……		……	
晚上	……		……	

（四）新课小结(2分钟)

教师可让学生再看一遍"板书1"和"板书2"，并再着重强调一下表时间词语作状语的位置。

（五）布置作业(1分钟)

让学生再多读几遍"板书3"，要求他们下次上课时能背诵出来。此外，还可让学生按照板书4，写下日常一天中的活动。

例Ⅱ．《约会》（教学对象为学习了两个月的学生，课时为80分钟）

（情景：王华跟方莉约定九点在公园门口见，可是方莉迟到了）

王华：方莉，你怎么现在才来？

方莉：对不起！我八点就想出发了。可是，那时妈妈要整理房间，让我帮忙。

王华：你整理房间整理了多长时间？

方莉：我整理了半个小时。

王华：你帮助了妈妈后，就坐车来了吗？

方莉：是的。可是，我坐了一个小时的车才到。

王华：我等你等了半个小时了。现在，我们进去吧。

一、教学目标

1. 使学生能掌握时量补语的语法。
2. 要求学生能运用所学的词语和语法造句，并能对课文内容进行成段表达。

二、教学重点

1. 生词：出发、整理、帮助、帮忙
2. 语法：时量补语

三、教学方法

1. 运用公式法，讲解时量补语的意义和用法。
2. 创设多种语言情景，让学生进行反复操练。

四、教学环节(共 80 分钟)

(一) 组织教学(2 分钟)

如：提问学生"你每天几点来学校?"、"你每天坐车来学校吗?"、"坐车的时间长吗?"、"要等车吗?"等，并以此导入课文内容的学习。

(二) 复习旧课(8 分钟)

如：学生已学过副词"就"和"才"，则可提问"今天，你很早就来了吗?"、"每天晚上，你几点才睡觉?"等，以帮助学生复习和巩固所学的语言知识。

(三) 学习新课(65 分钟)

1. 学习生词(出发、整理、帮忙、帮助)

可先由教师解释词义，再通过提问等操练形式来检查学生是否理解，或帮助学生学会正确运用。例如：

(1) 出发

首先，教师解释这个词的大致意思是"开始去什么地方"。其次，可提问学生"每天，你几点出发来学校?"、"如果你坐早上十点的飞机，要几点出发?"等。

(2) 整理

教师可通过实物和动作演示来讲解这个词的意思，如把讲台上凌乱的书、本子、笔之类的物件放整齐等。然后，可提问学生"你常常整理书架吗?"、"如果朋友要来你家，你会整理一下房间吗?"等。

(3) 帮忙、帮助

这是一对近义词，有时可互换，但很难从语义上来解释它们的区别。为此，教师可通过二者在语法形式上的差异来进行比较和说明。例如：

＊"帮助"可带宾语(如：A 帮助 B/A 帮助 B＋动词……)；"帮忙"不能带宾语：

我帮助他。(× 我帮忙他)

我帮助妈妈洗衣服。(× 我帮忙妈妈洗衣服)

＊"帮忙"是离合词，中间可插入词语(如：A 帮 B 的忙/帮＋动量词＋忙)；"帮助"的中间则不能放入词语：

我帮他的忙。(× 我帮他的助)

我请他帮一下忙。(× 我请他帮一下助)

＊"帮忙"的重叠形式是"帮帮忙"；"帮助"的重叠形式是"帮助帮助"：

我请他帮帮忙。(× 我请他帮帮助)

你应该帮助帮助他。(× 你应该帮忙帮忙他)

此外，这一对近义词在用法上还有一些其他方面的差异。如：可以说"在他的帮助下",但不能说"在他的帮忙下";可以说"他给了我很大帮助",但不能说"他给了我很大帮忙";可以说"在这件事上他很帮忙",但不能说"在这件事上他很帮助",等等。在教学中,教师可以根据学生的实际汉语水平或可接受度,选择哪些可以讲解或暂时不必讲解。

教师讲解了这对近义词在用法上的区别后,还应带领学生进行操练。如可提问学生"你常常帮助妈妈吗?"、"你常常帮助妈妈做什么?"、"妈妈请你帮忙,你会帮她的忙吗?"、"如果你要搬家,会请朋友帮帮忙吗?"等。

2. 朗读课文

这篇课文的篇幅不太长,教师可先领读全文,让学生跟读。其次,可让学生分角色朗读,并对其不正确的发音进行纠音正调。

3. 讲解语法(时量补语)

教师可先板书其语法结构形式和意义,并举例说明。例如:

板书1.

动词+时量补语(表示动作持续的时间)

去年我在中国学习汉语,我学了一年。
我明天下午去北京,我要去三天。

因为本课中出现的时量补语既有持续性动词后带宾语的形式,也有宾语是人称代词的形式,所以都要在板书上罗列清楚。例如:

板书2.

(1) 持续性动词后带宾语,有三种形式:

动词+宾语+重复动词+时间:我学汉语学了一年。
动词+时间+(的)+宾语:我学了一年(的)汉语。
宾语提前:汉语我学了一年。|我汉语学了一年。

(2) 宾语是人称代词的形式:

动词+人称代词+重复动词+时间:我等他等了十分钟。
动词+人称代词+时间:我等了他十分钟。

4. 教师提问课文内容

在学生朗读了课文,并学了新出的语法项目后,教师可按课文内容的顺序来进行提问。例如:

方莉几点就想出发了?那时,妈妈要做什么?妈妈让方莉做什么?方莉整理房间整理了多长时间?方莉帮助了妈妈后,就坐车来了吗?方莉坐了多长时间的车才到公园?王华等方莉等了多长时间?

5. 进行多种理解性和运用性操练

(1) 采用多项选择题,让学生选择唯一正确的答案,以检查学生是否理解。例如:

A. 昨天,我打篮球了一个小时。
B. 昨天,我打篮球打了一个小时。
C. 昨天,我一个小时篮球打了。

(2) 使用时量补语提问,以检查学生能否运用。例如:

每天晚上,你看电视看多长时间?
你来中国,坐了几个小时的飞机?
今天他迟到了,我们等他等了多少时间?

(3) 将这篇对话体的课文内容改为叙述体,让学生补出篇章中的划线部分,单独进行成段表达。例如:

昨天,王华跟方莉约定九点在公园门口见。方莉八点就想_____了,可是那时妈妈要整理房间,让她_____。

方莉_____妈妈整理房间,她整理房间_____了半个小时。然后,她就坐车去公园了。可是,她坐了_____车才到。

王华九点就到公园门口了,他等方莉_____半个小时。方莉到了公园门口后,他们就进去了。

(四) 本课小结(3分钟)

例如:再次说明"帮忙"和"帮助"在用法上的差异;借助板书1和板书2,着重强调"时量补语"的语法结构形式。

(五) 布置作业(2分钟)

例如:复习课文,并朗读几遍;预习下一课的内容;让学生使用"时量补语",写一篇小作文,内容可以是某次迟到、排队、看电影等。

例Ⅲ.《这台电脑比那台电脑贵》(教学对象为学习了两个月的学生,课时为80分钟)

昨天,王华去一家商店买电脑。他走进商店后,看到一台5000元的"联想"电脑不错,价钱不太贵,颜色也正好是他喜欢的。可是,他觉得这台电脑的尺寸太小了。

后来,王华又看到一台"苹果"电脑。这台电脑比那台电脑大,功能也比那台多。王华觉得这台电脑的尺寸大小正合适,而且他也喜欢功能多的电脑。但是,这台"苹果"电脑比那台"联想"电脑贵3000元,他觉得太贵了。

王华想买比这台便宜一点儿的电脑,所以他又看了一台"三星"电脑。这台电脑比那台"苹果"电脑便宜多了,只要6500元。可是,这台电脑的颜色没有那台"联想"电脑好看,功能也没有那台"苹果"电脑多。最后,王华决定再去别的商店看看。

一、教学目标

1. 使学生能掌握课文中表比较的句子。

2. 让学生在活动性操练中,学会运用所学的词语和语法形式,并能进行成段表达。

二、教学重点

1. 生词:价钱、尺寸、功能、正好、正

2. 语法:"比"字句;用"A没有B+形容词"表比较的句式

三、教学方法

1. 通过多种讲解词汇的方法及句式的操练,让学生掌握本课词汇和语法的教学重点。

2. 让学生借助课文框架的板书提示,对课文大意和细节进行成段叙述性表达。

四、教学环节(共80分钟)

(一) 组织教学(2分钟)

如:提问学生"你买的电脑贵还是便宜?"、"你买的电脑是什么国家的?"、"你的电脑可以做什么?"等,并可以此来导入课文内容的学习。

(二) 复习旧课(8分钟)

如快速问答前一课学习的内容,以巩固所学的知识。又如,让学生说出自己知道的电脑牌子等,为学习新课的生词做铺垫。

(三) 学习新课(65分钟)

1. 学习重点生词(价钱、尺寸、功能、正好、正)

可采用的方式如:先由教师领读生词,再让学生齐读或个别读。对于学生不正确的发音,教师进行纠音正调。

在讲练名词"价钱"、"尺寸"、"功能"时,可采用直观展示法、比较辨析法、语境释义法等。例如:

(1) 价钱

教师可展示一张标有几种商品价格的广告单,并对学生说:"这张广告上,每样东西都有价钱。"然后,可采用比较辨析的方法告诉学生,只能说"每样东西都有价钱",不能说"每样东西都有钱"。或向学生说明去商店买东西,只能说"付钱",不能说"付价钱"等。

(2) 尺寸

教师可出示三张上衣图片,上面各标有"L"、"M"、"S",告诉学生这就是"尺寸"。然后,可询问一些学生穿多大的鞋子、家里的电视机是多大的,等等。

(3) 功能

教师可拿出自己的手机,告诉学生这部手机可以做什么。比如,可以打电话、接电话、发短信,那么就有三个"功能"。然后,可询问一些学生的手机或电脑有什么功能。

(4) 正好、正

讲解的方法可以是:教师先说一个能用上这两个词的具体事例,并采用词汇扩展的形式让学生了解其语义和用法。

例如,教师告诉学生:"昨天,我带了100元去商店买衣服。到了商店后,看到一件自己喜欢的衣服是100元。我穿上后,不大也不小,很合适。"如果学生听清楚了这段话语,那么就能较易理解这两个词在下列词汇扩展形式中的意义和用法:

(1) 正好

正好→正好100元→这件衣服正好(是)100元→我正好有100元

(2) 正

正→正合适→这件衣服正合适→我穿这件衣服正合适

2. 朗读课文

如:听两遍课文录音→教师领读,学生跟读→学生齐读→请几位学生按自然段依次分别读

3. 讲练语法("比"字句;用"没有"表比较的句式)

如:教师可采用两个人身高的对比,板书这两项重点语法的形式,并进行讲解与比较:

板书1."比"字句

(1) A　　比　　B ＋ 形容词
　　我　　比　　他　高。
(1.80米) (1.75米)

(2) A　　比　　B ＋ 形容词 ＋ 数量词/一点儿/多了
　　我　　比　　他　高　　　五公分。
(1.80米) (1.75米)

我　　比　　他　高　　　一点儿。
（1.80米）（1.78米）
　　我　　比　　他　高　　　多了。
（1.80米）（1.60米）

板书2. 用"没有"表比较的句式
A　　没有　　B　＋　形容词　＝　B　　比　　A＋形容词
我　　没有　　他　高。　　　　＝　他　　比　　我　高。
（1.70米）（1.80米）　　　　　　（1.80米）（1.70米）

教师可先说明：用"没有"表比较的句式，是"比"字句的否定形式之一。再采用问答或句式转换的操练来检查学生是否理解，能否运用。如以"你28岁，他20岁"为例：

问：你比他大吗？
答：＿＿＿＿＿＿＿＿。
问：你比他大多少岁？
答：＿＿＿＿＿＿＿＿。
问：你比他大一点儿，还是你比他大多了？
答：＿＿＿＿＿＿＿＿。
问："你比他大"，用"没有"怎么说？
答：＿＿＿＿＿＿＿＿。

4. 学习课文内容

因为学生已朗读过课文，并学习了生词和新出的语法，所以教师首先可请学生找出课文中用"比"和用"没有"表比较的句子，并说出这些句子。

其次，教师可以采用板书来展示课文基本内容的语篇结构框架，并提示重点词语和语法（各类"比"字句简写为"比"；用"没有"表比较的句式简写为"没有"），以使学生可借助板书来叙述课文的大意或细节。例如：

板书3.

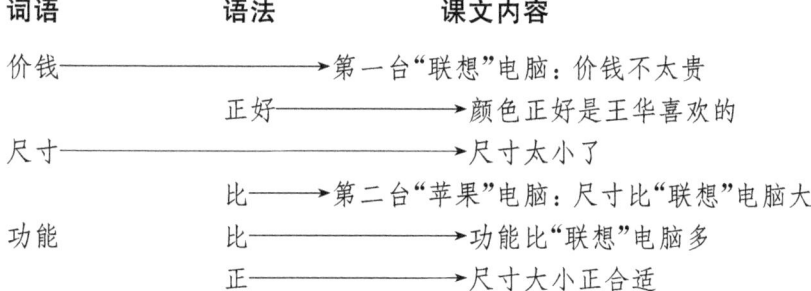

比 ——→ 价钱比"联想"电脑贵 3000 元
比 ——→ 王华想买比这台便宜一点儿的电脑
比 ——→ 第三台"三星"电脑：价钱比"苹果"电脑便宜多了
没有 ——→ 颜色没有"联想"电脑好看
没有 ——→ 功能没有"苹果"电脑多

  教师展示了以上板书后，可按此顺序及内容依次提问学生，并要求学生在回答时，必须使用提示的重点词语和语法。如：

  王华觉得第一台电脑的价钱怎么样？颜色是他喜欢的吗？他为什么不买这台电脑呢？第二台电脑的尺寸和功能怎么样？王华为什么不买这台电脑？他想买一台怎么样的电脑？第三台电脑的价钱是多少？可是颜色和功能怎么样？……

  再次，可让学生两人一组，看着板书的提示互相问答。最后，再抽选几名学生，让他们借助板书 3 的提示单独进行成段叙述性表达。

（四）本课小结（3 分钟）

  例如：借助板书 1 和板书 2，再次强调课文中"比"字句的各类结构形式，并着重指出其否定形式之一是"A 没有 B＋形容词"。

（五）布置作业（2 分钟）

  例如：复习课文，并朗读几遍；要求学生使用课文中的重点生词，以及"比"字句和用"没有"表比较的句式写一篇小作文，内容可以是比较几件衣服、几种手机等。

需要说明的是：

  以上所列举的三篇课文及教案，虽然都是属于初级汉语阶段精读课的篇章教学，但其中的基本教学原则和方法，也同样适用于中高级汉语阶段的精读课篇章教学。

  当然，在中高级汉语阶段，文体或语篇结构会更为多样复杂。而且，一篇课文中出现的词汇、语法项目会更多或更难，篇幅的长度也会更长，如生词可能会有 40 个以上，字数也可能会达 1000 个以上。如果课文的篇幅很长，生词或新出的语法项目也很多，而且学生也难以一下子接受和消化如此多的新信息，那么教师可按课文的自然段或前后意思上的关联，采用分段处理的方式来进行教学。

第二节　泛读课教学法

一、教学任务

在语言技能课的课型分类上,"泛读课"也是属于阅读课型中的一类,通常是在学生已具备基础汉语知识的教学阶段开设的。所谓"泛读",就是粗略地阅读文本材料,并以迅速地获取其中关键的信息,或掌握文本的大意梗概为主。

从对外汉语泛读课的教学任务来说,可概括为以下两点:

1. 提高学生对多种文本材料的阅读能力

通常来说,在泛读课的教材中,会出现各种题材或体裁的课文。就此特点而言,泛读也具有"广泛性阅读"的性质。因而,在泛读课教学中,提高学生对多种文本材料的阅读能力是尤为重要的。这不仅需要学生掌握一定的语言要素知识或文章体裁知识,而且还需要学生对社会、文化、经济等方面的背景知识有所了解。

基于上述特点与要求,在这门课程的教学中,所偏重的就是增加学生对多种题材内容的了解(如:教育、交通、医疗、体育、旅游、婚姻……),或增强学生对各种文章体裁知识的掌握(如:记叙文、议论文、说明文……),以提高学生的汉语阅读能力。同时,也可以此来扩充学生的汉语词汇量。

2. 训练学生的阅读理解技巧

由于泛读材料所涉及的内容较为广泛,因此要使学生能迅速地获取文本中关键的信息,或掌握文本的大意梗概,就需要训练学生具备一定的阅读理解技巧。

例如:怎样快速地检索或选取必要的信息,如何合理地预测或猜测下文的内容。

又如:遇到陌生字词或疑难语句时,怎样能够跳跃障碍,从而把握文章的主旨大意。

再如:看到语法结构复杂的长句时,如何能够抓住主干成分来理解句义。

从另一个角度来说,如果学生能掌握一些阅读理解技巧,那么就能将阅读行为化被动为主动。因此,在泛读课教学中,教师如何指导学生具备阅读理解技巧是尤为重要的,需要多下工夫。

需要说明的是:

(1) 在以上第一节"精读课教学法"的教学任务中,有一项是还需帮助学生了解课文的语体风格,或语篇结构等方面的特征。此项教学任务当然也同样适用于泛读课教学,这里就不再赘述了。

(2) 在泛读课教学中,要训练学生快速地从文本材料中找出所需信息的能力,就需要有阅读时间的限定。就此特点而言,泛读也具有"速读"的性质。但是,速读的时限要结合学生的汉语水平、课文的长度,以及各教学等级大纲制定的目标等来确定。一般来说,对学生阅读速度的要求是达到每分钟 120 字以上。

(3)如果一篇课文中有不少学生尚未学过的生词、语法,或者有学生从未接触过的文章体裁知识、文本背景知识等,那么教师就不能单纯地追求或进行"速读"的训练。这样做的话,学生很可能会因为不懂而无法理解文章的意思,或因此而产生畏难情绪。

因此,在泛读课教学中,有时是需要采用"精泛结合"这种教学方式的。即在训练学生速读能力的同时,也要对学生尚未掌握的一些生词、语法或背景知识做出讲解,以扫清学生在阅读中的障碍。但是,在讲解时必须控制好时间,并且一般是采用粗放型的、简明扼要的讲解方式,只要求学生能领会式掌握,即大致能懂或基本了解就行了。否则,就可能会偏离教学任务,将泛读课上成精读课或中国文化类的课了。

二、教学方法

在泛读课教学的教材中,泛读的类型主要可分为两类:一类是"略读",即以大略了解文本材料内容为主。另一类是"查阅",即以寻找需要的信息为主。无论是哪一类,都涉及到怎样快速浏览,如何跳跃障碍等方法或技巧的运用。

下面,分别对上述"略读"和"查阅"的教学方法,以及指导学生阅读技巧和训练学生阅读速度的一些具体方法进行简要介绍。

(一)"略读"的教学方法

人们在阅读书籍或报刊杂志时,通常会先采用略读的办法,然后再根据自己想了解的内容确定是否需要进一步精读。

在泛读课中,进行略读训练可以培养学生对文章整体意思理解的能力。如果文本材料的篇幅较长,含有的内容较多,且又有时间上的限制,教师就必须让学生学会怎样迅速抓住关键信息,或如何把注意力集中在主旨大意上的方法。

例如:教师发给学生一本"社会生活类"的杂志,其中有衣、食、住、行等方面的内容。可让学生先看杂志的目录,然后回答下列两个问题:

(1)这本杂志中有哪些方面的内容?
(2)你对其中的哪一篇文章感兴趣?

如果学生对其中谈城市交通的一篇文章感兴趣,那么可让其在规定的时间内快速浏览一下这篇文章。同时,要求其在浏览时先再看文章的开头,再看文章的结尾。这是因为作者谈论的问题往往会在文章的开头点出,作者的观点或建议等通常会在文章的结尾阐明。学生看完以后,再让其根据文章内容回答一些有关主旨大意的问题,如:

(1)这篇文章谈了城市交通中的什么问题?

(2) 作者提出的观点或建议是什么？

采用这样的方法，既可培养学生对略读的文本材料进行"跳读"的阅读习惯，也有利于他们迅速地概括与归纳出文章的主要内容。

又如：教师发给学生一篇火灾事故的新闻报道，其中有标题和正文的两个自然段。可让他们先看文章的标题，再看正文的各段落。这是因为新闻报道类的语篇结构往往是从概括到具体的：标题点出主要事件，第一个自然段交代时间、地点与事件，从第二个自然段开始再详细报道事件的具体细节。同时，要求学生在浏览时要关注四个方面的内容：

(1) 这篇报道说了一起什么事故？
(2) 这起事故发生在什么时候，什么地方？
(3) 这起事故是怎样发生的？
(4) 这起事故造成的结果是什么？

这种从文章的语篇结构着手，并先行提示关注点，让学生带着问题进行阅读的方法，也可训练学生的略读能力，并有助于提高他们提炼文章内容梗概的能力。

(二)"查阅"的教学方法

当人们要在阅读材料中寻找自己需要的信息时，就会有目的、有针对性地来进行查阅。比如，某人想了解今天发生的国内外时事要闻，那么就会采用查阅的方式，注重阅读报纸头版中各篇文章的标题。又如，某人需了解与求职有关的信息，那么就会在招聘广告上查阅与此有关的关键词：用人的单位、提供的职务、学历或经验的要求、薪水与其他待遇、工作的地点……。

换言之，查阅就是一种专为寻求特定细节而进行的阅读，能够搜索到所需要的信息就算完成了任务。对此，在教学中也有多种训练方法。

例如：用于训练查阅的材料是一张从上海到广州的飞机票，教师可先宣布查阅的时限，然后要求学生查阅后回答下列几个问题：

(1) 登机的时间是几点？
(2) 在几号登机口上飞机？
(3) 座位号是什么？

又如：用于训练查阅的材料是某家健身馆的广告，教师可先宣布查阅的时限，然后要求学生根据广告，查阅下列几个方面的内容：

(1) 这家健身馆里有哪些运动项目？
(2) 每天营业的时间是几点到几点？
(3) 这家健身馆的年卡是多少钱？
(4) 如果不买年卡，打一个小时篮球要多少钱？

由以上举例可见,与"略读"相比较,"查阅"的目的性、针对性更为明确,并且相对来说是比较简单和容易的。在不少泛读课教材中,都有一些适于训练查阅的材料。如:

地铁或公共汽车的站牌、火车或飞机航班的时刻表、电台广播和电视节目表、招生简章或招工广告、寻人或征婚启事、商品价目表或饭店的菜单,等等。

需要强调的是:在让学生查阅时,应该告诉学生不要在生词处过多停留,也不要多看与问题无关的句子或内容,只要能回答教师提出的所有问题就行了。

(三)一些具体的泛读技巧

在"略读"或"查阅"的泛读材料中,都不免会有一些学生没有学过的汉字、词语、语法,或尚未接触过的背景知识等。因此,这就需要教师充分调动学生已有的汉语知识,指导其结合特定语境等线索来掌握一些"跳跃障碍"的技巧,从而使之能够学会怎样迅速地判定字词、语句的意义,或如何快捷地检索、选取必要的信息,以提高泛读的速度和效率。

要指导学生学会跳跃障碍,就必定涉及到怎样抓住关键信息来进行猜测联想、推理判断,或概括归纳等方面的技巧。下面,结合实例对此做一简要的介绍。

1. 借助形符猜测字义

在现代汉字中,由形旁和声旁组成的形声字居多数。教师可指导学生利用形符表意这一特征,来猜测生字的大致意义。

比如,文本材料中有这么一句话:

去年,在中国的一些地方发生了洪灾。

如果学生只学过"火灾",但没学过"洪"这个字,那么教师可提示学生注意"洪"这个汉字的形旁是"三点水",据此就可猜测它的字义是与水有关的。

又如,文本材料中有这么一段话:

我刚踏上公共汽车,司机就匆忙发动了汽车。

如果学生没有学过"踏"这个字,教师则可提示学生注意这个汉字的形旁是"足字旁",由此就可猜测其字义跟脚的动作有关。

2. 依据相临的词猜测词义

比如,文本材料中有这么一段话:

汽车到了终点站后,我和他挥手告别。

如果学生没学过"挥",那么教师可让学生注意这个词后面的"手",以此推想出"挥"这个词表示的动作和意义。

又如,文本材料中有这么一段话:

> 我的工作可不像你那么轻松,每天都有空闲的时间。

如果学生没学过"闲",那么教师可让学生注意这个词前面的"空",以此推测出这里的"闲"也是没什么事情做的意思。

3. 凭借构词法推测词义

比如,汉语中有一些构词成分是指人的词缀(如"家、员、工、鬼、迷"等单音节后缀)。如果学生已学过与它们组合的一些词语,那么教师就可引导学生根据构词法,推测出由这些后缀所组成的名词的意思。如:

> "画家、音乐家;营业员、服务员;电工、木工",都是从事某种职业的人。
> "酒鬼、烟鬼;球迷、影迷",都是具有某种爱好等特征的人。

4. 根据上下文猜测词义

比如,文本材料中有这么一段话:

> 这件事她一直瞒着男朋友,没有告诉他。

如果其中的"瞒"是学生没有学过的,那么教师可引导学生注意下文中的"没有告诉他",从而猜测出上文中的"瞒"就是不让别人知道真相的意思。

又如,文本材料中有这么一段话:

> 自驾游的优点就是自由,可以灵活地安排旅游路线,想去哪儿就去哪儿。

如果学生没学过"灵活"这个词,那么教师可引导学生结合上文的"自驾游的优点就是自由",以及下文的"想去哪儿就去哪儿",从而推测出这一段中"灵活"的意思大概是可以自由地做什么事。

再如,文本材料中有这么一段话:

> 他说的那个故事不是真的,是虚构的,你不要相信。

在这段话中,"虚构"是学生没学过的,会形成字面理解的障碍。但如果让学生从上下文线索中注意到"不是真的"、"不要相信",那么尽管他们不知道"虚构"是"凭想像编造"的意思,但在阅读这段话时完全可以跳过这个词,得出"那个故事是假的"这样的结论。

5. 运用语法知识推定句义

在阅读文本的过程中,阅读者常会利用一些语法知识来推定句子的意思。如看到了"在",就会预测后面可能是一个表示地点的名词;看到"他住在广东省肇庆市",就会根据中文地名的语序原则来推定出"肇庆市"是广东的一个地名。

比如,文本材料中有这么一段话:

> 今天,我迟到后被老师说了几句。

如果学生没有学过这句话中"说"的意思,那么教师可提示学生,在使用"被"的被动句中,有些是表示不如意或不愉快的事情。因此,根据"被"这一句法结构上的形式标志,并结合"迟到"的情况,可大致推测出是"我"受到了批评或责备的意思。

此外,在泛读材料中,有时会出现一些修饰语较多,或语法结构较复杂的长句。对此,教师可指导学生通过压缩句中不太重要的词语或句子成分的方法,抽取其主干性成分,化繁为简,使句子由长变短,从而来判定其句义。

比如,文本材料中有这么一句话:

刘芳是一个天真烂漫、纯真稚气、娇小玲珑的可爱的小姑娘。

这是一个含有多项定语的长句,如果学生没有学过"天真烂漫、纯真稚气、娇小玲珑"这些词语,那么可通过抽取其主干性的方法,把这句压缩成"刘芳是一个可爱的小姑娘"。这样做,尽管跳读过了这些形容孩子可爱的修饰语,但也并不妨碍对整句基本意思的理解,至少可以判定"刘芳"是一个小姑娘,并且是可爱的。

6. 抓住语段/篇连接成分推断句义

语段/篇是一个语义前后关联的统一体,其语义的连贯也体现在种种衔接手段上。而在语段/篇中的一些连接成分,就是连接前后各种语义逻辑关系的手段。

比如,文本材料中有这么一段话:

现在已经是十二点了,时间不早了。再说,你明天还要上班,该休息了。

如果抓住了连接前后句子的连词"再说",那么就可以推测后边一定是要说追加原因,或说明理由的话了。

又如,文本材料中有这么一段话:

刚看到他时,我以为他是北方人。其实,他是南方人。

如果抓住了承接上文的"其实",那么就可推断下文将要说与上文意思相反的情况,或要在后续句中对上文的意思加以更正等。

再如,文本材料中有这么一段话:

丈夫爱上了赌博,妻子警告过他多次后,他才终于悬崖勒马。

如果学生不知道"悬崖勒马"的意思,教师可让学生利用句子中表结果的副词"终于"来做出猜测:丈夫最后听了妻子的警告,离开了赌场。

在汉语中,用于语段/篇的连接成分主要是一些关联词语,比如:连词中的"不但……而且、虽然……但是"等;副词中的"果然、难怪"等。此外,还有一部分是习惯用语,如"总之、实际上"等。它们所表示的语义逻辑关系有很多种,例如:

表示并列:既……又、一边……一边、不是……而是
表示连贯:然后、接着、于是

表示递进：不但……而且、再说、此外
表示选择：不是……就是、要么……要么、宁可……也不、与其……不如
表示因果：因为……所以、既然……就、因此、以致
表示转折：虽然……但是、尽管……可是、不过、然而
表示条件：如果、只要……就、只有……才、无论……都
表示让步：即使……也、哪怕……也、退一步说
表示举例：比如、例如、拿……来说
表示总结：总（而言）之、一句话
表示结果：终于、这样一来
表示目的：为了、为的是……
表示推论：可见、由此（看来）
表示实情：其实、老实说、实际上
表示转变话题：至于

在泛读中,学会抓住这些形式标记的线索,不仅可帮助阅读者推断或预估句义,并且也能体现出阅读者对书面文字作出理解和解释的主动性。

7. 抓住关键词/句理解语篇义

在泛读的过程中,阅读者如果能抓住语篇材料中的关键词语或句子,或者说能略去一些非关键性要素,那么就可将注意力集中在有关的方面,或直接把握语篇的主题,或快速地理解语篇大意。

比如,有一篇谈论公共场所禁烟的课文：

> 在一篇文章中,作者指出有些吸烟者的行为极不文明。拿有些吸烟者来说,他们不但在饭店或商店里吸烟,而且在地铁或公共汽车上吸烟,甚至还在医院里吸烟。此外,还有不少吸烟者吸完烟后,就把烟头扔在地上。他们吐出的烟雾,乱扔的烟头,不仅污染了公共场所的空气,危害了别人的健康,而且也影响了环境卫生。因此,作者建议政府应该制定一个规定,禁止吸烟者在公共场所吸烟,以提高社会的文明程度,保证人们的健康。

在这篇文章中,反复出现了"吸烟"这个词。阅读者抓住了这个关键词,就可将注意力集中在有关这方面的种种描写上,并同时推想作者为什么要提出这么一种现象。然后,再看到"污染公共场所空气"、"危害别人健康"、"影响环境卫生"等语句,就可联想猜测到语篇的主题大概是应该在公共场所禁烟。

又如,有这么一篇课文：

> 王华告诉我,十几年前他的家在农村。有一次,他家发生了火灾,家里的那座木结构房子也被焚毁了,然后重建了一座也是木结构的房子。可是只过了几

年,他家的房子又因为火灾被焚毁了。这次,他父母决定不再建造木结构的房子了,并且请了当地的建筑师鲁殿来负责重建新房子。他建造的这座新房子不仅很漂亮,而且也不容易发生火灾。

在这篇语料里,学生未学过的词语是"结构、焚毁、负责"和人名"鲁殿",但是这些词语并不影响对语篇大意的理解。教师可通过事先设置阅读任务,引导学生以需求为导向的方法,跳过这些词语障碍。例如,阅读的任务是看了这篇语料以后,回答以下两个有关语篇大意的问题:

(1) 王华家的房子为什么重建了两次?
(2) 王华家现在的房子是谁建造的?

对于第一个问题,如果教师让学生注意到了课文中重复了三次的关键词"火灾",那么即使跳过对"焚毁"词义的理解,学生也可以知道重建了两次的原因。

至于"焚毁"的词义,教师可引导学生根据"焚"这个字形中有"火"的特征,大致推测出这个词一定与火有关。此外,还可结合"被"字句中有些是表示不如意的意思,猜测出房子是遭到了被火烧掉的灾难。而对于房子为什么会被焚毁,则可让学生抓住"木结构"中的"木"来推知房屋材料与木头有关。依据常理,木头遇到火就容易燃烧。由此,即使略去对"结构"词义的理解,也可以知道房子被焚毁的原因。

关于第二个问题,教师可让学生根据前边相邻的词"建筑师",以及"师"这个指人的构词后缀,猜测出后边的"鲁殿"是一个人名。至于是否认识"鲁"和"殿"这两个汉字,以及这个人名怎么读,则是无关紧要的。

同时,可让学生注意用"请"的兼语句,以此推测后面一定是某人做某事,这样,即使跳过"负责"这个词,也可知道是谁担任建造房子的工作。

由此可见,学生回答事先布置的这两个问题,并不需要懂得所有的生词。这种阅读任务设置的目的,就是要让学生学会如何略去非关键性元素,以抓住关键信息来跳越障碍,从而能快速地判定语句的意思,或理解语篇的大意。

(四) 训练学生阅读速度的教学方法

在泛读课教学中,要培养学生的快速阅读能力,还需要通过对视知觉潜力的挖掘,最大限度地发挥眼睛的效率。简单地说,就是要让学生改变一个字、一个词、一个句子来阅读的习惯,学会能"一目十行"地来快速阅读,这就需要让眼睛接受特殊的专门性训练。关于这一方面的训练,也已有不少学者进行过论述[①]。

下面,从上述学者的研究成果中,选取和介绍一些通过挖掘视知觉潜力,充分

[①] 如:崔永华、杨寄洲主编,《对外汉语课堂教学技巧》,北京语言大学出版社,2002。
周小兵,《对外汉语教学中的速读训练》,载《对外汉语教学的理论与实践》,延边大学出版社,1997。
张惠芬,《视知觉、知识图式和快速阅读训练》,载《对外汉语教学与教材研究论文集》,华语教学出版社,2001。

发挥眼睛的效率,以加速学生获得速读能力的训练方法。从这些训练方法的特点来看,都是以怎样扩大眼睛的"视读广度",如何减少"眼停"的次数或时间为基点的。

所谓"视读广度",是指阅读者一个视点所能摄取材料的范围。一般来说,视读的广度与阅读的文字信息量是成正比的。

举例来说,阅读者在阅读一行文字时,如果视读的广度较窄,那么在阅读时所能看到的文字信息就较少,或许只能看到几个字;而如果视读的广度较宽,那么在阅读时所能看到的文字信息就较多,或许可以看到十几个或几十个字。显而易见,视读的广度越宽,阅读的速度就越快。

所谓"眼停",是指每次眼动(眼睛每次的跳动)之后的相对停留状态。在阅读过程中,当"眼动"时,看到的文字信息很少;而在"眼停"期间,看到的文字信息则较多。因此,要提高眼睛在停顿的单位时间里接受的信息量,就需要扩大视读的广度。

有实验表明,阅读者视读的广度越宽,眼停的次数就越少,眼停的时间也越短。反之,阅读者视读的广度越窄,眼停的次数就越多,眼停的时间也越长。这也就是说,视读的广度与眼停的次数和时间是成正比的。

举例来说,阅读者在阅读一页文章内容时,如果视域里只有几个注视点,一目几十行地阅读,那么眼停的次数就较少。但如果视域里有几十个注视点,一目只能几行地阅读,那么眼停的次数就会很多。此外,眼停时间的长短,也是决定阅读速度的一个重要因素。比如:在看一行文字时,眼停两次,每次一秒钟,那么需要两秒钟才能看完;但如果每次眼停时间是半秒钟,那么只需要一秒钟就能看完。可见,眼停的时间越短,阅读的速度就越快。

因此,要有效地提高学生的阅读速度,就需要采用一些扩大视读广度,减少眼停次数和时间的训练方法。以下列举一些上述书籍和论文中所介绍的具体方法:

1. 中心聚焦法

心理学家发现,词语或语句的中心是视域最佳的注视位置。在这些位置上,眼停的次数和时间是最少的。因此,可采用视觉中心聚焦的方法来训练学生的速读能力。

例如,教师可速示几张写有短语的卡片,让学生进行速读。方法是:在短语的中心,用一个小圆点作记号,要求学生视读时的视觉焦点落在这个中心的小圆点上。如:

| 中国·文化 | 回答·问题 | 有机会·上大学 |

在采用这种中心聚焦法的训练时,随着学生熟练程度的提高,短语的字数和卡片的张数也可逐步增加。

2. 分隔意群法

教师在速示一些较长的句子或语段时,可以采用空格、划线,或加框的方法,把它们划分成几个意群(意群可以是一个词、一个短语或一个句子等)。要求学生在视读每一组空格、划线或加框的意群时,都只能在一次眼停中读完。

比如,采用空格的方法:

  他们 不知道 这个学校 在什么地方。

又如,采用划线的方法:

  自驾游/可以自己设计/旅游的路线。

再如,采用加框的方法:

  |我在大学时,| |不但学习英语,| |而且还研究英国文化。|

采用这种分隔意群的方法也有利于减少眼停的次数和时间,扩大视读的广度,提高阅读的速度。

如果一个句子较长,句法结构也较复杂,那么教师也可根据句法关系或主要意思来划线处理,指导学生通过抽取其主干性成分的方法来速读,如:

  他轻轻地/把一杯香浓的咖啡/放在一张玻璃桌子上。

在速读这类句法结构较复杂的长句时,由于时间有限,这就要求眼睛必须在一次注视中挑选出关键的部分。如以上的句子虽然很长,但内容大意就是:他把咖啡放在桌子上。

3. 移动闪现法

教师可采用多媒体投影设备,在屏幕上快速地逐行移动和闪现一组短语或句子,并要求学生看了后选择答案。

比如,快速阅读下列各行短语:

  地铁车厢里
  商店的柜台上
  博物馆的大门外
  两辆公共汽车的中间

每行移动闪现的时间为 1 秒,学生看了后需选择的答案是"刚才看到的是什么?":

  A. 东西 B. 地方 C. 时间

又如,快速阅读下列各行句子:

昨天是星期六。
他上午去打篮球了。
下午他在家里看了一会儿电视。
吃了晚饭后,他出门跟一个朋友聊天。
晚上十一点多钟,他才回到宿舍里休息。

这些句子移动闪现的时间为六秒,学生看了后需选择的答案是"昨天他没做什么?":

A. 运动　　　B. 去外边　　　C. 睡觉　　　D. 学习

4. 逐层加宽法

教师可把一段语篇排列成金字塔形,逐行加宽文字的数量。要求学生在阅读时做到一行一停顿,以此不断扩大学生的视读广度,并摆脱逐词停顿的阅读习惯。例如:

在中国的西部,
有一个少数民族地区,
居住着十几个少数民族。
为了发展那儿的旅游事业,
当地政府建造了一个"民族村"。
在这个村里有很多少数民族的建筑,
还有一个少数民族传统文化的展览馆。

旅游者来到这儿后,
可以看到不同风格的建筑,
而且可以了解他们的风俗习惯。
现在每年都有很多人去那儿游览,
当地的旅游事业取得了迅速的发展。
那儿少数民族的生活水平也大大提高了。

需要进一步说明的是,在训练学生的速读能力时,无论采用哪一种视读的方法,都要注意以下几点:

(1) 刚开始训练的时候应偏易,最好采用学生熟悉的词语或句法结构简单的语句,待学生掌握了一定的速读技能以后,再逐步增加难度。

(2) 所选取短语或句子的长度,以及速读时限的规定,要视学生的实际汉语水平而定。否则,可能很难取得预想的效果。

(3) 要求学生在速读时必须精神集中,尽量减少或杜绝眼睛的"回视"。尤其在看较长的篇段时,尽管不理解有些词语的意思,也不要通过回视来重读。因为这种变化的眼动不但会影响阅读速度,而且也可能会对整体内容的理解产生支离破碎的影响。

第三节　听力课教学法

一、教学任务

所谓"听力",就是人们利用听觉器官接受输入的言语信息,并进而理解话语的能力。从听力的特点来看,听者既不能规定所输入言语信息的内容,也不能限定所听内容的难度或长度,这就使听力具有相当的难度。如果外语的听力理解能力差,就难以听懂广播、电影、电视里的话语,或会因听不懂对方所说话语的意思而影响交流的开展或延续。

至于造成听力理解障碍的原因,是与多方面主客观因素相关的。比如:所听材料中不熟悉的生词、语法、话题背景知识较多,或说话人的语速较快。又如:听者在辨音辨调、猜测联想,或分析归纳、概括总结等方面的能力较差等。因此,在对外汉语听力课教学中,除了要采用适合学生汉语水平的教材以外,还尤其得注重听力技能的训练。

关于什么是听力技能,第二语言教学界关注和研究得较多的是听力的"微技能"。所谓听力的"微技能",是指人们在听的过程中,为了理解所听的话语内容而采用的一些细微的技能。

例如,在章兼中所著《外语教育学》(1993)中,从认知的角度出发,把听力的"微技能"归结为六项:

(1) 预估:对语句成分的预料和对内容情节的期盼和估计。
(2) 猜测:根据上下文对不熟悉或没听清的成分进行猜测。
(3) 抓主题大意:通过注意听句首、关键词、重音、语调等手段抓大意。
(4) 抓特定细节:忽略无关情节,注意跟踪线索,获取所需信息。
(5) 辨认语段标记:根据特殊标记,判断上下文关系和话题的延续或转折。
(6) 推断说话人态度:从遣词用句、音调变化、表情举止听出言外之意。

又如,在杨惠元所著《汉语听力说话教学法》(1996)中,将听力"微技能"按重要性程度,以及前后的顺序依次归纳为八个板块的能力:

(1) 辨别分析能力　(2) 记忆储存能力　(3) 联想猜测能力　(4) 快速反

应能力

（5）边听边记能力　（6）听后模仿能力　（7）检索监听能力　（8）概括总结能力

需要说明的是：

(1) 关于听力的微技能究竟有哪些，或者说到底有多少项，目前是没有定论的。比如：根据不同的教学类别（如：商务汉语、旅游汉语、少儿汉语等）及其教学目标，还有将听力的微技能细分为十几项的。

(2) 实际上，在阅读、口语、写作中也是有"微技能"的。从目前各种对听力微技能项目的分类及表述来看，其中有些是与其他课型所需要的技能相同的。比如：在阅读中，也是需要联想猜测、概括总结等技能的。

下面，在归纳以往研究成果的基础上，从突出听力理解所需重点技能的角度出发，将对外汉语听力课的教学任务概括为以下几点：

1. 训练学生的语音听辨能力

在听力课教学中，需要多训练学生对语音的辨别分析能力，使之能逐步具备敏锐的听音辨调能力，准确地分辨出所听语句的声韵调、停顿或语气等，从而能正确地理解所听话语的意思。

例如，以下有三组句子：

> 他知道了——他迟到了／她很好看——她很好客／我去还钱——我去换钱

在这三组句子里，有的是声母或韵母有所不同，有的是声调上具有差异。学生在听的时候，如果没有分辨清楚，就会产生意义理解上的误解。

又如，以下的两个句子：

> 我想起来了。／我看到他很不高兴。

对于这两句，停顿的不同会构成语法意义的差别。前一句可切分成"我／想起来了"和"我想／起来了"；后一句可切分成"我看到他／很不高兴"和"我看到／他很不高兴"。学生在听的时候，如果没有根据语境对句子应停顿之处做出正确的切分，那么就会错误地理解语句的意思。

2. 培养学生抓关键信息和跳跃障碍的能力

用耳朵的听与用眼睛的读是不同的，其间最大的区别就在于：读的材料可以在一定的时间内反复地看，或仔细地琢磨；听的语言信息则是以线性形式一现而过，转瞬即逝的，这就要求听者在短时间内迅速理解，快速做出反应。

因此，在听力课训练中，教师就要让学生掌握一些抓关键信息和跳跃障碍的技巧，从而使之能迅速地捕捉所听话语中有用的信息，或其中所表述的要点。

例如，抓住发端句中的一些词语（如：因为、如果、虽然等），可促使听话的人预测随后必定有与之相呼应的后续句。虽然预测的内容不十分确定,但是会有一定的范围。

3. 培养学生概括总结的能力

通常来说,人们在听对话或语篇时,并不会通过精细地甄别每个字词、每个句子的语义来理解话语的意思,也不必听后在大脑中精确地还原出每个词或每个句子,而是会通过抓住其中的基本内容,或把握其要点来概括总结出话语的主旨大意。

从对外汉语听力教学的根本目标来说,也就是要培养学生能对所听语料大意进行概括总结的能力。

二、教学方法

在对外汉语听力课教学中,要有效地帮助学生提高汉语听力水平和理解能力,固然需要让学生多听。但是,光靠一遍遍让学生被动地听也是不行的,不仅会让学生觉得枯燥无味,而且教学效果也会很成问题。

实际上,从听力理解的过程来看,听者在听的时候并非只是消极被动地听,而是具有一定主动性的。

比如:使用某一母语的人在听其母语的一段话语时,如果话语中的语法结构形式并不是太完整,甚至缺少了一些词语,一般也不会影响对整体意思的理解。并且,听者可通过猜测、预判、推理等思维活动,大致地揣测出其中缺省的意义,或主动地添补出缺少的词语。

以某人找你借钱为例,可能他只说了"我想买房子,可是还缺一些钱,……"你就可知道他是想借钱。也就是说,他要借钱的意图尚未说完,你已经推测出了他的来意。

又如,在开会时,一些参加会议的人并不是自始至终都在集中注意力听,有的会想一些其他方面的问题,有的会与邻座的人交头接耳,有的甚至会似睡非睡地打盹儿。他们一般会放过被认为是无用的或无须关注的信息,可对有用的、重要的信息则会一下子打起精神,集中注意力去听。

诸如此类猜测、预判、推理的能力,以及有选择听的理解机制,都可以说明"听"也是一种积极主动的认知过程,而并非仅是消极被动的接受过程。因此,在听力课教学中,要训练学生的语音听辨能力、跳跃障碍能力、概括总结能力等,就需要采用一些能"化被动地听为主动地听"的方法。

下面,分别对听力课的教学方法,指导学生听力理解技巧的一些具体方法,以及课堂教学的开展等进行简要介绍。

(一)"底朝上"和"顶向下"相结合的方法

有关"底朝上"和"顶向下"的概念是什么,以及它们在听力理解中的作用又是怎样的①，下面，从中择其要点，对此做一简要介绍：

现代认知心理学从信息加工的角度出发，对听力理解的过程做出了解释，指出人在理解所听的言语信息时，有两种知觉加工方式，朝两个方向处理信息材料与建构意义。

一种知觉加工方式是"底朝上"，即人脑对所听的言语信息进行一种自下而上的加工。理解的过程是：从小单元的材料开始，一步一步自下而上地组合起来，最后形成对大单元的理解。例如，在听一段话语时，首先是识别字词，切分音节；其次是辨别句子，分析句义；最终实现从局部到整体的语义理解。

另一种知觉加工方式是"顶向下"，即人脑对所听的言语信息进行一种自上而下的加工。其理解的过程与"底朝上"相反：从大单元的概念开始，自上而下地从大单元到小单元进行整体认知理解。例如，在听一段话语时，主要是利用背景知识（如各种已知信息或经验等），并结合语言知识来对所听的材料进行通篇理解。

在听力课教学中，如果教师采用的是"底朝上"的方式，那么训练的方式也就会是自下而上地从小到大，从局部到整体进行组合。例如：在让学生听课文时，通常是先从分辨词语开始，再弄懂各句的意思，最后扩展到对语段或篇章的理解。

反之，如果教师采用的是"顶向下"的方式，那么训练的方式则会是自上而下地从大到小，从整体到局部进行组合。例如：在开始听课文前，教师会采用简要的听前提示等方式来导入：或先说明将要听到的主要内容，介绍相关的背景知识；或先给出一些听的目标，要求学生在听的过程中搜寻相关的信息（如：某一事件的缘由与结果、言者的观点或建议等）。这样做，可以使学生对要听的内容有所预期或推测，并且也会在听的过程中对这些特定信息加以关注。这就不仅有助于扫除他们听时的理解障碍，而且也有利于将"听"的过程化被动为主动。

需要进一步说明的是：

在听力理解的过程中，"底朝上"和"顶向下"这两种方式是并存与互动的，并无绝对的优劣之分。在听力课教学中，也不存在只能用哪一种方式的问题。比如：在学生汉语水平为零起点的听力教学中，因为学生的汉语知识很有限，所以教师可能会较多地采用"底朝上"的方式。而在学生具备了一定的汉语知识后，教师就可能会较多地采用"顶向下"的方式，或同时采用这两种方式。

在对外汉语各教学阶段的听力教学中，如何建立起一个科学、合理、有效的"底朝上"和"顶向下"相结合的训练模式，仍是值得不断探索的。

（二）"听"与"讲"相结合的方法

前边说过，在听力课教学中，如果教师只是一味地让学生被动地听，那么教学

---

① 参见：吴勇毅，《听力理解与汉语作为第二语言（CSL）的习得》，载吴勇毅著，《对外汉语教学探索》，学林出版社，2004。

效果是会很成问题的。从实际教学情况来看,一些学生认为听力课没有意思,原因就在于有些教师在上课时只是单纯地放录音,对答案。

比如,有些教师的做法是:学生听第一遍录音听不懂,就放第二遍录音。如果学生还听不懂,就放第三遍录音。学生再听不懂的话,就干脆代替学生说出所听的内容。

又如:有些教师放了录音后,就让学生做选择题,做完后就对答案。而且,学生无论做对了还是做错了,教师都不说明原因或理由。

这样做,导致的结果就是学生感到听力课太枯燥无味,或任何收获也没有。由此,有些学生认为在课堂上听与自己在家里听并没有什么区别,甚至有些学生认为根本没必要来上听力课,或干脆就不来上课了。

因而,在听力课教学中,除了应该以听为主之外,教师还得做一些必要的、适量的讲解分析,或整理归纳等工作。例如:

1. 提问或答疑

比如:学生在回答有四个选项的多选题答案时,所选择的是 A 这个选项,教师就可提问学生为什么要选择 A,而不选择 B、C、D。如果学生说不清楚理由,或者虽然选对了,但却只是凭猜测"蒙"对的,那么教师就要作出解释。

又如:某个多选题中唯一正确的答案是 A,可学生却觉得既可以选 A,也可以选 B,由此就会产生疑问。对此,教师也有必要进行答疑,解释清楚为什么只能选 A,不能选 B。

通过提问或答疑,不仅可检查学生是否真正理解了所听的内容,而且还可帮助学生切实弄懂做出何种选择或回答的理由。

2. 分析或归纳

在有些听力材料中,会出现一些学生不太熟悉的语法结构形式,或语法结构关系较为复杂的长句。学生(尤其是初学汉语者)听的时候,可能就难以听懂。例如:

他是一个身体健康、学习努力、态度认真并且喜欢帮助别人的学生。

这是一个较长的句子,其中既有几个并列关系的联合短语,还有表递进关系的关联词语。对于这样的长句,学生听起来就可能较为困难。或者说,听者的思维无法跟言者传递来的言语信息保持同步。对此,教师可通过对这句主干语法成分的分析(主、谓、宾语等),先将其紧缩成"他是……学生",并告知学生。然后,再让学生听清句中结构助词"的"前的各项定语。这样做,就较容易使学生理解整个句子的意思。又如:

他常常把宽阔整洁的马路当作扔废物的垃圾箱,这是不文明的行为。

学生在听这段话的前一个句子时,可能会因为这个句子较长,或不太熟悉其中

"把……当作……"这个句式而听不懂。对此,教师也可通过主干语法成分的分析,先将这句紧缩成"他把马路当作垃圾箱",然后再让学生听清"马路"和"垃圾箱"前的定语,并进而理解整个句子的意思。如果学生没学过"把……当作……"这个句式,或虽然学过但还不太熟悉,那么教师可采用句式类比的方法,列出几个类比句来帮助学生巩固和掌握,如"老师把学生当作自己的孩子"、"他没把我当作朋友"等。这样,以后学生在听到这个句式时,就较容易对句义作出快速理解的反应了。

此外,在听力材料中,有一些语法形式或表达方式对于辨别语气情态,理解句义是起重要作用的。对此,教师就要有选择地进行归纳或提炼。例如:

(1) 采用双重否定的形式表示肯定,并加强肯定的语气:

① 如果他有困难,我们<u>不会不</u>帮助他。
（用"不会不",表示"一定会"）
② 她很可爱,<u>没有</u>人<u>不</u>喜欢她。
（用"没有……不……",表示"无一例外"）

(2) 采用否定形式表示肯定意义,或采用肯定形式表示否定意义:

① 这次考试,我<u>差点儿没</u>及格。
（"差点儿没及格"中有否定词"没",但意思是"及格了"）
② 以前他很努力,现在<u>可好</u>,天天就是玩儿。
（"可好"是肯定形式,但却是表示相比之下情况不如过去或其他人/事）

(3) 采用表示无疑而问的反问句:

① A：这辆车是你自己买的吗？
B：<u>我自己哪有钱买车？</u>
（句义为"我自己没有钱买车"）
② A：我不喝酒,是因为你说不让我喝酒的。
B：<u>我什么时候说过不让你喝酒了？</u>
（句义为"我没有说过这样的话"）
③ A：我认为他是个好学生。
B：<u>可不是嘛</u>,他学习非常认真。
（句义为"是",表示赞同对方说的话）

(4) 表示不满,或否定等情感态度的表达方式:

① 你看你,醉成什么样子了！
（用"你看你"、"……成什么样子了！"表示反感或讨厌）

② 这些菜你爱吃不吃,随便你。
（用"爱……不……"表示生气或不满）
③ 这事有什么难办的,我可以帮你去办。
（用"有什么……的"表示否定或不在乎）

需要强调的是：

教师在做了诸如此类的归纳、提炼工作后,还应该有针对性地再设计一些练习,让学生听后快速反应,说出所听语句的意思。这样,才能让学生巩固和掌握所学的知识。

例如：教师在归纳了"没有……不……"这种双重否定形式的意义后,可再编几个这类形式的句子,让学生听后快速回答。如教师说出"在这些汉字中,他没有一个字不认识"这句话后,让学生听后马上说出"他没有一个字不认识"是什么意思。

又如：教师在提炼了"你看你,……成什么样子了!"这种表达方式后,说出"你看你,脏成什么样子了!"让学生听后迅速回答"说话人觉得对方怎么样?"、"说话人心里感到怎么样?"。

应该说,在听力课教学中,教师对文本材料中的一些语法形式或表达方式进行分析、归纳、提炼,并做出进一步的操练是非常必要的。这样做,不仅有利于学生迅速地判断与理解所听语句的意思,而且也能让学生体会到来上课确实是有收获的,能学到仅凭自己听所学不到的知识或技能。

（三）"听"与其他技能相结合的方式

在人们的言语活动中,听、说、读、写这四种技能并不是孤立的、割裂的,而是相互依存、相互促进与综合运用的。进一步说,在"阅读"、"口语"、"听力"、"写作"这四大课型中,虽然所训练的技能是各有侧重点的,但却应该是相互作用的。即耳、眼、口、脑协同作战,参与的器官越多,听的效果就越好。

因此,在听力课教学中,也不应只是单纯地、孤立地训练"听"这一种技能,而是应该将听与其他技能结合起来的。或者说,这样做可取得更好的教学效果。例如：

1. "听"和"说"结合

如：让学生听后回答问题,复述情节和大意,或发表看法和评论等。通过学生的"说",也可检查他们是否真正听懂了,是否确实理解了所听内容的意思。

2. "听"和"看"结合

如：让学生听后做判断正误题、多项选择题,或听后再发给学生听力文本材料进行阅读。这些让学生利用视觉"读"的方法,对于学生的听力理解也有一定的辅助作用。

3. "听"和"写"结合

如：让学生听写一些带有重点语法形式或表达方式的句子,或听后写出所听课文内容的大致情节、主要意思或要点等。这样做,也可训练学生快速反应、抓关键信息或概括总结等能力。

当然,教师在采用"听"与其他技能相结合的方式时,还是要以训练"听"的能力为主要目的,千万不可本末倒置。

(四)一些具体的听力理解技巧

与阅读课(尤其是泛读课)相同,在听力文本材料中,也不免会有一些学生没有学过的词语、语法,或尚未接触过的背景知识等。因此,这也就需要让学生掌握一些如何抓住关键信息,怎样跳跃障碍的听力理解技巧。

在前边所述泛读课的教学方法中,已介绍了一些具体的泛读技巧。实际上,其中的不少技巧也同样适用于听力教学。比如:依据相邻的词猜测词义、凭借构词法推测词义、根据上下文猜测词义、运用语法知识推定句义、抓住语篇连接成分推断句义、抓住关键词/句理解语篇义等,都可有助于学生在听的过程中迅速地判定语句的意义,提高快速检索必要信息的速度和效率。

下面,针对听力理解的特点,再简要介绍一些怎样通过抓住关键信息来猜测联想、推理判断、概括总结、跳跃障碍的听力理解技巧。

1. 抓住关键词语

例如,"他今天八点就来了"和"他今天八点才来"这两句,说的都是"他"今天来的时间是八点。如果在听前一句时能抓住表时间的副词"就",在听后一句时能抓住表时间的副词"才",那么便可推定说话人认为"他"今天来得早还是来得晚。

又如,"这里曾经有很多树木"这一句,如果能抓住其中表时间的副词"曾经",那么就可判定"这里有很多树木"只是从前存在的情况,而现在已发生了变化。

再如,在听到"我以前每天都抽很多烟"这一句时,如果抓住了"以前",那么就可预测后来一定是发生了什么变化,或结果发生了什么事情。

2. 抓住语法形式

例如:联合复句中表递进关系的"不但……而且",表取舍关系的"与其……不如";或偏正复句中表推论性关系的"既然……就",表转折关系的"虽然……但是",表让步关系的"即使……也",它们所表述的语义重心往往在后项上,或者说信息传递的焦点都在后一个分句。

因此,在听到使用这些成双配对关联词语的语句时,如果能抓住后项中关联词语连接的句子,那么就有利于了解说话人所要着力强调的重点或突出的情感态度。

又如:在听一个语段的过程中,听到"总之"或"一句话",就可推定说话人要对前边说的内容进行概括总结了;听到"终于"或"这样一来",就可知道说话人要说明事情的结果了;听到"至于",就可判断说话人要转变话题了。如果能抓住这些表前后语义逻辑关系的词语,那么也有助于迅速推测说话人将要表述的内容。

再如:在听到"他们打算开发一些新的活动项目,以吸引更多的游客"这一句时,如果抓住了连词"以",那么就可判断"以"后面的内容一定是前面所说事情的目的。

3. 抓住特定语境

例如:在听到"我一边听音乐"这一句时,如果抓住了其中的"一边",那么就可断定后一分句中也会用"一边",并可猜测下文一定是一件同时做的事情。

又如:在听到"他常常起得很晚,这不,今天他又睡懒觉了"这一句时,如果能抓住前边说的"他常常起得很晚",以及"这不是吗?"的紧缩形式"这不",那么即使听不懂"睡懒觉"也无大碍,完全可以断定"他"今天起床又起晚了。

再如:在听到"你这样做不是让我的脸没处搁,让我丢脸吗?"这一句时,如果不理解"让我的脸没处搁"的意思,但能抓住并听懂了后边说的"让我丢脸",那么也可以猜测出这一句说的是让"我"没面子。

这些抓住特定语境,通过已知信息来推测新信息的方法,也都有助于学生在听的过程中进行预测推理,或跳跃障碍。

此外,在听一段如两个人在商店购物的对话时,要让学生抓住双方的人物关系、所处地点、谈论的事情,或双方的观点;在听一篇如有关一起交通事故的短文时,除了要让学生抓住时间地点、发生的事件以外,还要关注事件产生与发展的线索。如果学生能梳理清楚语境中这些特定信息的内容,并能理解句与句之间关联的意义,那么就可较易地概括归纳出所听话语的主旨大意或要点。同时,采用这种方法也可培养学生的检索监听能力。

4. 抓住语气语调

例如:学生在听"他已经回北京了吧?"这一句时,如果能抓住其中的语气词"吧",以及句尾语调上扬(即用升调)的特征,便可判断这是说话人因为对事情不太确定而做出的推测,并希望得到听话人的确认。

又如:学生在听"这种地方你也能去?"这一句时,如果能抓住这句所采用的是降调,那么就可推定这是一个反诘语气的反问句,并可得出说话人反对"你"去某地的结论。

在听力课教学中,指导学生抓住语句的语气、语调,以及各种语气词,都有助于学生理解所听语句的核心意思,或有利于他们从说话人的语气语调中判断各种情态语义,如:陈述语气中表达的肯定、否定;疑问语气中表达的询问、反诘;祈使语气中表达的请求、命令;感叹语气中表达的喜悦、赞赏、惊讶、慨叹等情感。

5. 抓住语句重音

例如,"你为什么买这种东西?"这一句,说话人的重音落在不同的词语上,所表达的语义也就不同。如:说话人的重音落在"为什么"上,是询问对方买这种东西的原因;而说话人的重音落在"这种东西"上,则是突出购买的关涉对象,并表示认为对方不应该买这种东西。

又如,"他竟然要我去打扫厕所!"这一句,说话人的重音会落在"竟然"这个表与常情不符,或出乎意料的语气副词上。如果学生能抓住这个重读的词,那么就可知道说话人认为"他"让自己做这件事是不应该的,并感到极为不满。

再如,在"别人都说她不漂亮,什么漂亮不漂亮的,只要有能力我就聘用"这段话中,说话人采用的是"什么 X 不 X 的"这个格式,并会通过重读来增强"什么"的音量,以表达自己对别人看法的否定、反驳,以及自己并不在乎"她"是否漂亮的观点。

因而,学生在听的时候如果能抓住话语中凸显话题焦点的重音,那么就能正确地理解所听话语中表达的意思,或蕴含的观点、态度、情绪等。

需要进一步介绍的是:

除了上述各种教学方法以外,在听力课教学中,还需要让学生了解测试听力理解能力的一些常用"题型"及其主要作用,以及一些常见"题目"类别及其提问方式。例如:

1. 常用题型及其主要作用

(1)判断题:检查学生对语料大意的理解,或语音听辨的能力。
(2)选择题:检查学生对词义、句义、语篇要点或细节的理解。
(3)填空题或连线题:检查学生理解的准确性,或记忆的能力。
(4)完成句子题:检查学生对语段的理解能力,或记忆的情况。
(5)回答问题题:检查学生对细节的掌握,或对大意的概括能力。
(6)边听边记题:检查学生理解的情况,或提高其短期记忆能力。

当然,上述各种题型的作用是存在交叉现象的,只能说是某种形式偏重对某些能力的检查,或某些情况的检查倾向于使用某种形式。

2. 常见题目类别及其提问方式

有关这方面的内容,在一些汉语水平考试辅导教材的"听力理解应试技巧"中有所介绍[①]。

下面,在整理归纳上列这些教材中相关内容的基础上,列举一些听力理解测试中常见的题目类别及其提问方式:

(1)确定数字、数量

主要涉及人数、价格、年龄、重量,或动作的次数等,提问方式中常用"几"、"多"、"多少"等。如:

女:去年他们公司的职员是六十名,今年比去年多了三十名,增长了百分

[①] 如:王际平主编,《汉语水平考试应试指导》(初、中等),上海交通大学出版社,2005。
王小宁、侯子玮编著,《HSK 汉语水平考试听力题型分析与训练》(初、中等),清华大学出版社,2002。

之五十。

  问:今年他们公司的职员是多少名?
  A. 三十名   B. 六十名   C. 九十名   D. 五十名

(2) 判断时间、季节

主要涉及钟点、星期、日期、节假日、季节等,提问方式中常用"几点"、"星期几"、"多长时间"等。如:

  女:今天早上,我没赶上七点一刻的地铁,又等了半个小时才坐上。
  问:女的坐上了几点的地铁?
  A. 七点二十分   B. 七点半   C. 七点四十分   D. 七点三刻

(3) 推定地点、地名

提问方式中常用"哪儿"、"什么地方"、"从……到"等。如:

  女:我的行李超重吗?
  男:不超重。这是你的登机牌,安检在那边。
  问:说话人可能在什么地方?
  A. 车站   B. 机场   C. 码头   D. 海关

(4) 确认身份、职业

提问方式通常是"……是干什么的?"、"……是做什么工作的?"、"……可能是什么人?"等。如:

  男:请问,我得了什么病?
  女:只是感冒,没关系。我给你开一些中药,平时再多喝点儿水就行了。
  问:女的是干什么的?
  A. 医生   B. 学生   C. 老师   D. 职员

(5) 推断人物关系

主要涉及亲属关系,或不同职业、身份的人之间的关系,提问方式通常是"他们是什么关系?"、"这句话是对谁说的?"、"说话人在跟谁说话?"等。如:

  女:今天下午儿子四点半下课,你开车去接他吧。
  男:今天事情比较多,我可能要加班。如果你没空,就让妈妈去接吧。
  问:这两个说话人是什么关系?
  A. 夫妻   B. 朋友   C. 同学   D. 恋人

(6) 解释原因

提问方式通常是"为什么……?"、"……原因是什么?"等。如:

女：上午我给你打了三次电话,可是你的手机都关机了。
男：对不起！那时我在参加考试,所以关机了。
问：男的为什么不接电话？
A. 他不可以接电话　　　　B. 他没有手机
C. 他在教室里学习　　　　D. 他要去参加考试

（7）判别细节

重点是要求从列举的人、事、物中选择哪个不在其中,提问方式通常是"……没有提到什么？"、"关于……,下面哪种说法不对？"等。如：

男：你常常运动吗？
女：我很喜欢运动,平时常常游泳、打篮球、踢足球,还有长跑。
问：下面哪种运动是女的没有提到的？
A. 游泳　　　B. 长跑　　　C. 踢足球　　　D. 打排球

（8）推断活动

主要涉及某人已经、正在或打算做某事,提问方式通常是"……做了什么？"、"……在做什么？"、"……想干什么？"等。如：

女：你这儿有电脑吗？我要查一些资料。
男：在书房里呢,你去用吧。
问：女的打算做什么？
A. 看新闻　　　B. 上网　　　C. 买电脑　　　D. 去书房

（9）理解词义

主要涉及对多义词、惯用语等意义的理解,提问方式通常是"说话人是什么意思？"、"这句话告诉我们什么？"等。如：

女：女儿不喜欢我送给她的生日礼物,我白买了。
问：这句话是什么意思？
A. 她的女儿要过生日　　　　B. 她要给女儿买礼物
C. 她买的礼物没有用　　　　D. 她白天去买了礼物

（10）判断情感、观点

主要是通过说话人的语气来判断其态度、心情、感觉、看法等,提问方式通常是"说话人是什么意思？"、"说话人是什么语气？"、"说话人感到怎么样？"等。如：

男：儿子,你怎么搞的,作文里有这么多错别字,这像话吗？
问：爸爸对儿子的态度是什么？
A. 不满　　　B. 满意　　　C. 失望　　　D. 同情

(11) 进行推理

提问方式通常是"关于……，可以知道什么？"、"这句话告诉我们什么？"等。如：

　　女：你们的会议要开到几点？
　　男：原定三点半结束的，可现在看来再有一个小时也不行。
　　问：关于那个会议，我们可以知道什么？
　　A. 三点半才可以结束　　　　B. 时间是三个半小时
　　C. 一共开了四个半小时　　　D. 会议的时间延长了

(12) 理解逻辑关系

主要涉及因果、转折、假设、让步等逻辑关系语句的理解，提问方式通常是"这句话是什么意思？"、"关于……，可以知道什么？"等。如：

　　男：我看你有点儿累，别去上课了。
　　女：就算生病了，也不能不去上课啊！
　　问：女的是什么意思？
　　A. 如果有病，就不去上课　　　B. 虽然病了，但是也要去上课
　　C. 因为病了，所以不去上课　　D. 即使病了，也要去上课

如果学生能了解上述一些常用的"题型"和常见的"题目"类别，那么对于他们迅速地确定所听内容的重点也是有所帮助的。

（五）课堂教学的开展

1. 教案的设计

在开展听力课的课堂教学前，教师尤需结合上述听力教学的任务、方法和技巧等，认真考虑教学目标、教学重点、教学方法，以及教学环节中的各种问题，并在教案中罗列清楚。例如：

在撰写"教学目标"时，要列清楚需要学生掌握的"语言知识"是什么。如：使学生能准确分辨出所听语句的语音语调；能正确理解句中所用惯用语的意思；能掌握课文中表比较 的结构形式，等等。

同时，还要列出需要训练学生哪些方面的"听力技能"。如：训练学生抓住关键词语来理解语句含义的技能；抓住反问句的语气语调来理解其实际句义的技能，等等。

在撰写"教学重点"时，则可针对教学目标中的内容列清楚重点的"语言知识"是哪几项，重点的"听力技能"是哪几个方面。

在撰写"教学方法"时，可列清楚所采用的教学方式是什么。如："底朝上"和"顶向下"相结合；听和其他技能相结合，等等。

同时,还要列出所运用的具体方法是哪些。如:指导学生抓住语法形式来推测下文;抓住事件发展的线索来概括语篇主题大意,等等。

在撰写"教学环节"时,要列清楚教学的步骤怎样进行。如:采用"底朝上"的方式,就会是先让学生逐句听,待听懂各句的意思后,再扩展到对段落或篇章的理解;而采用"顶向下"的方式,就会是先介绍相关的背景知识,或先给出一些听的目标等。

同时,还要列出让学生听几遍录音,听各遍录音的作用是什么,以及听完后又要做什么练习等。以听三遍录音为例:

听第一遍录音:让学生检索主要信息,如人物关系、发生的事件、说话人表达的态度等。听完后,做连线题、判断题、或回答概括性的问题。

听第二遍录音:检查学生对一些词义、句义的理解,或对某些特定细节的掌握。听完后,做选择题、填空题、或完成句子题。

听第三遍录音:加强学生对全文意思的理解和记忆,或重听学生理解中的难点或重点。听完后,做快速问答题、边听边记题,或叙述大意。

当然,如果学生在听各遍录音时有不熟悉的语音、词语、语法,或存在虽已理解却回忆不出原话的情况,那么教师还要帮助他们学习和掌握。

2. 教案设计举例

下面,以一篇初级汉语阶段的对话体听力课文为例,简要介绍听力课的教案设计与教学方法:

> 李芳:杰克,听说你经常换女朋友,是吧?
> 杰克:这怎么可能呢? 我可没这么开放。李芳,你别听人家胡说八道。
> 李芳:那么,你现在有一个女朋友,对吧?
> 杰克:对的,她是一个联合国人。
> 李芳:哪有什么联合国人? 你在开玩笑吧?
> 杰克:我告诉你,她爷爷是美国人,奶奶是英国人,姥爷是法国人,姥姥是意大利人,爸爸是日本人,妈妈是中国人。你说,她不是联合国人吗?
> 李芳:这么说,她真的是一个独特的、与众不同的联合国人。

一、教学目标

(一) 语言知识

1. **语音方面**:使学生能够分辨半信半疑的疑问句、无疑而问的反问句的语气语调。
2. **词汇方面**:要求学生掌握课文中的生词,并理解一些词语在特定语境中的含义。
3. **语法方面**:让学生掌握半信半疑的疑问句、无疑而问的反问句的语法形式特点。

(二) 听力技能

1. 培养学生抓住语气语调来理解实际句义的技能。
2. 训练学生抓住特定语境来理解词义或句义的技能。

二、教学重点

1. 词汇方面

"开放"、"联合国"、"胡说八道"在对话中的含义。

2. 语法方面

(1) 半信半疑的疑问句：句末带语气词"吧"的形式，语调上扬，含有测度语气，表示说话人介于疑信之间，期望对方予以证实。

(2) 无疑而问的反问句：采用"怎么……呢?"、"哪有……?"、"不是……吗?"这几种形式，语调下降，含有反诘语气，表示说话人已有确定的见解，无须对方做出回答。

三、教学方法

1. 采用"顶向下"和"底朝上"相结合的模式：既有简要的听前提示，也有让学生逐句或逐段听的方式。

2. 指导学生运用一些"跳跃障碍"的听力技巧：如通过抓住关键信息来猜测词义，推断句义，预测下文的内容，或通过对长句主干语法成分的分析来理解句义等。

四、教学环节

(一) 课文导入及步骤

1. 询问学生是否知道所在学校有哪些国家的学生，目的在于：利于学生快速听清对话中涉及一些国家的专名。

2. 让学生说出知道的亲属称谓，目的在于：先行扫清学生因不熟悉某些亲属称谓而造成的障碍。

3. 提示学生在听的时候要注意对话中谈论的事情是什么，以及杰克和他的女朋友是怎样的人，目的在于：使学生对要听的内容有所预期或推测，集中关注点。同时，这也有助于学生听后概括大意。

(二) 新课学习及步骤

1. 学习生词

在这篇课文中，生词表上有8个词语"经常、开放、胡说八道、联合国、姥爷、姥姥、独特、与众不同"。

因为是听力理解，而不是阅读理解，所以教师并不需要逐个详细讲解这8个生词。对于非重点生词的解释，可采用的方法是：

有的可在课文导入中就解决，如"姥爷"和"姥姥"这两个亲属称谓，在前边的课文导入中就已可解决。

有的则可采用学生学过的词语来解释,如"经常"、"独特"、"与众不同"这三个生词,可分别解释成"常常"、"特别"、"跟别人不一样",只要学生能懂就行了。

至于重点生词的学习,可采用的方法是:

有的先不做出解释,如"胡说八道"这个词,可让学生在听的过程中根据上下文语境来猜测其意思。

有的则让学生自己先看一下词典中的释义,如"开放"这个多义词,以及"联合国"这个专有名词,然后提醒学生在听后要说出它们在课文中的实际意思。

这样做,既可快速解决大部分生词的问题,又可突出听力课的课型特点,将学生的注意力集中在"听"上。

2. 听课文录音

＊ 听第一遍录音:让学生检索主要信息,初步理解材料内容大意,对所听的话语有一个概况性的了解。

听前再次提示学生要注意两个方面:一是对话中谈论的事情是什么;二是杰克和他的女朋友是怎样的人。听完这遍后,通过以下题型来检查学生的理解情况:

(1) 判断正误(对的划√,错的划×)

① 他们在谈联合国有哪些国家。

② 他们在谈关于杰克女朋友的情况。

(2) 回答问题

① 李芳听说杰克经常怎么样?

② 杰克说李芳听说的事情是真的吗?

③ 杰克说自己是一个怎样的人?

④ 杰克说他的女朋友是怎样的人?

(说明:对于以上四个问题,只要求学生能说出大致的意思即可。)

＊ 听第二遍录音:检查学生对词义、句义的理解,以及对细节的掌握。

听前提示学生要注意三个方面:一是三个重点生词的词义(开放、联合国、胡说八道);二是几个表疑问的句子意思;三是杰克女朋友的家庭特点。听完这遍后,通过以下题型来检查学生的理解情况(同时,可指导学生从特定语境中来猜测词义,推断句义,或预测下文的内容等):

(1) 选择题

①"这怎么可能呢?"是什么意思?

A. 这是可能的　　　　B. 这是不可能的　　　C. 不知道是不是可能
② "哪有什么联合国人?"是什么意思?
A. 联合国人在哪儿　B. 联合国人是什么人　C. 联合国人是没有的
③ "你说,她不是联合国人吗?"表示说话人认为:
A. 她是联合国人　　　B. 她不是联合国人　　C. 她是不是联合国人

(说明:以上三个问题,主要是检查学生对无疑而问反问句的理解。)

(2) 问答题
① 李芳听说杰克经常换女朋友,她相信有这件事吗?
② 李芳能肯定杰克现在有一个女朋友吗?
③ 杰克说他的女朋友是联合国人,李芳相信吗?

(说明:以上三个问题,主要是检查学生对半信半疑疑问句的理解情况。在"听说你经常换女朋友,是吧?"、"你现在有一个女朋友,对吧?"、"你在开玩笑吧?"这几句的句末,都使用了表测度的语气词"吧"。抓住这个语气词,不仅可以知道李芳不能肯定或不相信的态度,同时还可预测随后一定是杰克要做出解疑释惑的回答了。)

④ 杰克说"我可没有这么开放",这里的"开放"是什么意思?
⑤ 杰克说"你别听人家胡说八道",这里的"胡说八道"是什么意思?
⑥ 杰克说"她是联合国人",这里的"联合国"是什么意思?

(说明:以上三个问题,主要是训练学生根据上下文来推测词义的技能。从李芳听说的事情及杰克的回答"这怎么可能呢?",可猜测出这里"开放"的大致意思是在男女感情问题上很随便;从杰克所说的"你别听"及其前边说的话中,可推测"胡说八道"是表示别人说的话不对;从杰克对女朋友家庭情况的说明,可判定这里"联合国"的意思是说一个家庭中有很多国籍的人。)

(3) 连线题

爷爷　　　　　　　法国人
奶奶　　　　　　　中国人
姥爷　　　　　　　日本人
姥姥　　　　　　　英国人
爸爸　　　　　　　意大利人
妈妈　　　　　　　美国人

(说明:这一题主要是检查学生对细节的掌握,以及记忆的能力。)

做完上边这些题目后,还可询问学生是否听清楚了最后一句:

她真的是一个独特的、与众不同的联合国人。

因为这是一个语法结构较复杂,且字数较多的长句,如果学生没听清楚,或不太明白,教师则可通过对这句主干语法成分的分析(她……是……联合国人)来帮助学生理解。

* 听第三遍录音:加强学生对全文意思的理解,以及对一些重点或难点的记忆。

听完这遍后,通过以下练习来巩固学生的学习结果:

(1) 快速问答

教师按课文内容顺序提问,以训练学生对各段对话意思做出快速反应的能力。例如:

① 李芳听说杰克经常做什么?杰克说这是可能的吗?
② 杰克说"我可没这么开放",这句话是什么意思?
③ 杰克让李芳别听什么?
④ 杰克说他的女朋友是什么人?李芳相信吗?
⑤ 杰克为什么说他的女朋友是联合国人?
⑥ 李芳听了杰克的说明后,她是怎么说的?

(2) 边听边记

要求学生听后记下与句义表达有关的一些词语(下面括号中的词语),以巩固学生的理解和记忆能力。例如:

① 听说你(经常)换女朋友,是(吧)?
② 这怎么可能(呢)?我可没这么(开放),你别听人家(胡说八道)。
③ 你现在有一个女朋友,对(吧)?
④ (哪有)什么(联合国)人?你在(开玩笑)吧?
⑤ 你说,她(不是)联合国人(吗)?
⑥ 她(真的)是一个(独特)的、(与众不同)的联合国人。

(3) 叙述大意

主要是训练学生对语料大意的概括能力,可允许不使用课文中的原句。例如:

李芳听说杰克经常……,可是杰克说……,他让李芳别听……。然后,杰克告诉李芳,他的女朋友是一个……。但是,李芳不相信,她认为杰克是……。所以,杰克又告诉李芳,在他女朋友的家里,她爷爷是……,奶奶是……,姥爷是……,姥姥是……,爸爸是……,妈妈是……。李芳听了后说,杰克的女朋友真的是一个……。

（三）新课小结

主要是归纳总结句末带"吧"的半信半疑的疑问句，以及无疑而问的反问句，因为这些对于辨别语气情态，理解句义，或预测下文是起重要作用的。做法是：首先，板书提炼出来的形式；其次，补充例句进行快速问答的操练。例如：

1. 半信半疑的疑问句

板书：……，是吧？|……，对吧？|……吧？

操练：你想你的一个中国朋友可能是北京人，你可以怎么问他？

你的老师很年轻，可是你想他可能已经结婚了，那么可以怎么问他？

你晚上给朋友打电话时，你想他可能在看电视，那么会怎样问他？

2. 无疑而问的反问句

板书：怎么……呢？|哪有……？|不是……吗？

操练："他的眼睛是蓝色的，他怎么会是中国人呢？"是什么意思？

"我还没有工作，哪有什么钱？"是什么意思？

"现在，我每天都来上课。你说，我不是个努力的学生吗？"是什么意思？

此外，教师还可聚合课文中的一些词语与重点语法等编一段对话，让学生听后做出快速应答。例如：

王丽：张华，听说你要出国留学，是吧？

张华：这怎么可能呢？现在我还是个学生，哪有钱去留学？

王丽：你在开玩笑吧？听说你爸爸是老板，他不是能给你钱吗？

张华：王丽，你别听别人胡说八道。我爸爸是个工人，怎么会是老板呢？

王丽：那么，你以后想去留学，对吧？

张华：对的。你说，哪有人不想去留学？

王丽：我可不想去留学。

张华：那么，你真的是一个独特的、与众不同的人。

学生听了这篇对话后，教师可先按其内容的顺序依次提问，以检查学生对其中半信半疑的疑问句、无疑而问的反问句的掌握情况，以及对内容大意的理解。然后，还可以让学生做叙述大意等练习，以巩固其新学的知识。

（四）布置作业

让学生参考课文内容及教师自编的课文写一段对话，要求尽量使用新学的词语、语法及表达方式。

需要说明的是:

(1) 以上虽然仅列举了一篇初级汉语阶段听力课的课文及教案设计,但其中的基本教学原则、方法及教学思路,对于此阶段其他听力课文的教学,以及中高级汉语阶段听力课教学也同样是适用的。所以,下面就不再举例介绍了。

当然,在中高级汉语阶段,课文的篇幅长度会更长。如果课文的篇幅较长,学生不熟悉的生词、语法或背景知识也较多,那么教师也可按课文的自然段或前后意思上的关联,采用分段处理的方式来进行教学。

(2) 无论课文的篇幅长短如何,教学的关键是要抓住重点或难点。特别是遇到篇幅较长的课文时,教师一定要根据学生的汉语水平来划清主次轻重,做出合理的取舍。

举例来说,如果学生早已学过所听课文中的一些语言知识,或对其中的一些语句及其意思已较为熟悉,那么就不必让学生逐词逐句仔仔细细地听,也不必逐句提问让学生作答,更无必要让学生听后能把每一句都复述出来。这样做,才能充分利用有限的听力课堂教学时间,发挥教学的最大效率。

第四节　口语课教学法

一、教学任务

人们用语言进行交际,主要就是用口头语言或书面语言这两种形式来表达。从口语表达的特点来看,是人脑对意义进行编码处理,并由发音器官来执行,最终将意义转换为声音(具有句法结构的语音序列)的过程。这一语言生成过程大致可分为几个步骤:

根据表达意图,制订话语计划(即"说什么")→提取语言知识,构建话语结构(即"怎么说")→音义相互结合,口头表达话语(即"说出来")

由此可见,口头表达是一个复杂的心理和生理过程。对于说第一语言的人来说,将所要表达的思想转化成言语信息是一个自动化的过程。而对于第二语言学习者来说,要具备运用外语进行口头表达的能力,则是需要通过不断训练,依靠实践来获得的。

从对外汉语口语课的教学任务来说,大致可概括为以下几点:

1. 培养学生的会话能力

从口头表达的类型来说,有"独白"(单独叙述)和"会话"这两类。在言语交际中,一问一答的会话是最基本的形式。在第二语言的学习中,会话也是学生具备口语交际能力的基本功。

比如：说话者怎样发问，或如何表示请求、建议、邀请等。听话者怎样承接对方的话题来应答，或如何表示同意、否定、拒绝的态度等。

又如：对话双方怎样展开话题（如从谈天气，或从询问对方"最近忙不忙?"来开场)，如何对话题加以述说或扩充（如"我再说一下"；"我的意思是，……"；"你能说得具体一些吗？"等)。

再如：在遇到不想谈的问题或其他表达障碍时，怎样转换话题（如"不说了，我们谈点儿别的吧"；"这事以后再说吧"等)，或如何结束交谈（如"我该走了"；"好了，我们改天再谈吧"等)。

2. 训练学生的成段表达能力

在培养学生会话能力的基础上，还要训练学生使用汉语进行成段表达的能力。从教学实际情况来看，不少学生在进行一问一答的会话时，如果对话题内容较熟悉，并掌握了相关的语言要素知识，那么并不是很困难。但是，要成段叙述某种情况时就会感到较为困难，因为这涉及到构思内容、提取知识、整合排序等一系列复杂的组织过程。

因此，要使学生能在具体语境中连续地说出前后意义互相关联与照应的句子，较好地表达所说话语的完整意思，也是口语课教学的重要任务之一。

3. 加强学生表达的准确性和流利程度

人们的口头交际是否能顺利地进行，还取决于口语表达的准确性，这涉及到两个层面的意义：

一是语言要素知识运用的准确性。即：发音时语音、语调、语气要正确；采用的词语要适当；使用的语法要规范。

二是语言表达内容的准确性。即：表述的意思要明确；逻辑的条理要清楚；表达的方式要得体。

至于口语表达流利程度的鉴别，除了语速的快慢是一个标准以外，还可从以下几个标准来衡量：

一是连续表达的能力：在一段时间内说的话中，没有显著的停顿。

二是连贯性表达的能力：说的一段话前后语义衔接，且通顺流畅。

三是随机应变的能力：能根据不同的情况，采取相应的交际策略。

二、教学方法

一般来说，口语课都有专门的口语教材。从大多数口语教材编排的情况来看，有的是以情景项目为主来编排的，如"购物、吃饭、点菜、问路、坐车、参观、打电话等"；有的是以功能项目为主来编排的，如"问候、介绍、感谢、请求、邀请、同意等"。

在口语教材的编排内容中,通常都有生词表、课文、练习等。从教师的教学模式与教学步骤来看,基本上也跟精读课教学大同小异。例如:

第一步是处理生词,以扫清课文内容或练习中的障碍。

第二步是学习课文,一般是先由教师领读,再由学生分角色读,然后是采用问答形式来检查学生是否理解课文内容。

第三步是讲解学生不熟悉的语法点,或展示所提取的重点句式等。

第四步是做课文中安排的练习,或进行多种形式的操练,以训练学生的口语技能。

应该说,这个教学模式也是合理的。但是,口语课和精读课各自的侧重点毕竟是不同的,口语课所强调的就是要多说。因此,在教学方法上尤需注重突出口语课的课型特点。下面,对口语课中如何进行精讲多练,以及怎样开展课堂教学做一简要介绍:

(一)精讲多练的方法

1. 精讲语言要素知识

在口语课的课文中,如果有学生未学过的词汇、语法等,那么教师是需要做出讲解的,但必须贯彻少而精的原则。

比如:在课文中有"我来学校的路上,突然下雨了"这一句,其中的"突然"是生词。如果学生已学过"忽然",那么用这个近义词来解释就行了。如果学生没学过"忽然",那么也只需说明这里的"突然"是用在动词前,表示没有想到、很快发生的事情就行了,并不用对其还可充当定语、补语、谓语的用法做出扩展性的讲解。

也就是说,教师在讲解语言要素知识时,必须做到有控制性,千万不要搞成像精读课上那种较详细的词汇教学或语法教学,否则就会冲击口语课的主要任务。

通常来说,在口语课上,对语言要素知识的讲解要注重以下几点:

(1)在词汇讲解中,重点不是详细地分析词语的词义,或面面俱到地说明词语的用法,而是要让学生掌握所学词语适用的交际场合,并能进行得体使用。

比如:学生学习了表询问或建议的"怎么样"后,要能够根据不同的对象、语境、目的、态度等进行熟练正确的运用。

(2)在语法讲解中,重点不是细致地分析句子结构,而是要让学生掌握常用"基本句"的表达方式或句式,并能理解其语用规则,学会得体使用。

如前所述,"感谢"这一功能项目的表达方式有"谢谢"、"多谢"、"给您添麻烦了"、"真不知怎样感谢您才好"等。对于这些表达方式,教师并不需要详细地分析其句法结构,有的可让学生整体记住(如:谢谢;多谢);有的则可让学生记住句式特点(如:A给B添……;不知怎样……才好),并告诉学生要能够根据不同的语境,采用适当的表达方式。

比如:在马路上问路,别人告知怎么走后,一般只用"谢谢"或"多谢";请别人帮忙做一件较麻烦的事情,常用"给您添麻烦了";别人归还自己遗失的贵重东西,则可以采用"真不知怎样感谢您才好"来表达感激之情。

又如,强调程度高到极点的"A得不能再A了"是一个常用基本句的句式:

> 那儿的房子贵得不能再贵了,我可买不起。
> 他胖得不能再胖了,该减减肥了。

对于这一句式,教师也不必详细地分析其句法结构,只要让学生能记住这个句式的形式,并了解其是强调程度非常高,可表示夸张或讽刺的意思就行了。

在汉语口语中,常用基本句的表达方式或句式是很多的[①]。

《汉语口语常用句式例解》一书中,总共收录了527条汉语口语中常见的短句和固定句式(也有一些应是固化的词),并采用具体的实例来解释意义,提示用法。

2. 创设互动交际场景

口语教学应该是老师与学生之间、学生与学生之间的一个互动过程,最能体现"教学过程交际化"。可以说,没有互动就不能称之为口语教学。而如何进行互动性的活动,则需要围绕所学的情景项目或功能项目,通过所布置的各种交际场景来实现。例如:

(1) 交换信息

比如:学习了有关询问姓名、国籍、地址、电话号码等方面的课文后,就可让学生通过互相询问来交换各自的真实信息。

(2) 情景问答

比如:学习了有关购物的对话,就可让学生两人一组充当情景所规定的人物(营业员和顾客)来表演,完成问价或讨价还价等对话。

(3) 交流讨论

比如:学习了有关旅游的课文,就可让学生各自来叙述某次旅游的经历,谈论旅游后的感想,或相互交流有关旅游方面的体会等。

需要强调的是:

无论是哪方面内容的课文,或哪种形式的操练活动,教师都应该将课文中重点的词语或基本句提取出来,并规定学生在口头表达中必须用上。这样,才能使学生在运用中切实掌握所学的知识,不断提高口语表达的技能。

以某人开会迟到的一段情景对话为例,其中A说的话中有"你怎么现在才来?"、"太不像话了!"、"以后别再迟到了!"等;B说的话中除了有常用的"对不起"或"不好意思"以外,还有"别提了"、"都怪路上堵车"、"让你久等了"等,那么教师就

---

① 如可参考:刘德联、刘晓雨编著的《汉语口语常用句式例解》,北京大学出版社,2005。

应该将其中的一些重点词语或基本句的表达形式列出来,并要求学生在约会迟到、上课迟到、上班迟到等场景中用上。如:

  A 要使用的词语、基本句:像话;怎么……才……?;太……了!;……别再……了!

  B 要使用的词语、基本句:别提了;都怪……;让……久等了

  此外,在口语课的教学中,当然还需重视学生发音时声、韵、调的准确性,以及在语气上的表达等。

以"什么"一词为例,虽然声调不变,但是轻重、语气的不同,却可以表达一般疑问、反问、任指、虚指等。如:

  表疑问:这是什么东西?
  表反问:这东西有什么好?
  表任指:你别什么东西都买!
  表虚指:我想买点儿什么送给他。

  对于声音表达技巧方面的培养,也需让学生在平时学习中多加模仿,通过不断地操练来习得。

  3. 采用多样化的讲练形式

  在口语课教学中,教师还需重视讲练形式的多样化,以提高学生学习的趣味性,发挥其在学习过程中的主动性、积极性。

  下面,以一段最简短的对话为例对此进行简要说明(教学对象是母语为英语,汉语水平为零起点的学生):

  A:这是什么?B:这是书。

  在这段对话中,交际功能项目是询问事物,语法项目是"主+谓+宾"的句型,以及用疑问代词"什么"来提问的特指问句与应答的形式。

  对于如此简短的对话,教师所采取的教学形式也可以是多样化的。例如:

  首先,利用直观的图画和象形文字(如:甲骨文、金文)导入所要学习的内容,可采用三张图片来展示:

  教师拿出第一张图片,上面是"水"的图画,然后用英语询问学生"What's this?"。学生自然一望而知,并会用英语说出"This is water"。

  教师拿出第二张图片,上面是甲骨文的"水",再用英语询问学生"What's this?"。对于这个甲骨文字,学生就可能不知道了。

  教师再拿出第三张图片,上面既有甲骨文的"水",也有楷体的"水"(标有汉语拼音)。然后,用英语告诉学生这两个字都是"水"。

  这样做的作用在于:可引发学生的好奇心,使之对所要学习的内容产生兴趣。

此外,还可很自然让学生想知道英语中的"What's this?"在汉语中怎么说,又怎么回答。

其次,教师可展示本课的课文,带领学生朗读,并通过英文注释让学生了解这段对话的意思。

A：这 是 什 么？　　　What is this?
　　Zhè shì shénme?

B：这 是 书。　　　　　This is a book.
　　Zhè shì shū.

为了让学生能了解汉语中用"什么"的疑问句与英语中用"What"表疑问的语序是不同的,教师还可采用以下形式来让学生比较二者在语序上的特点：

这　　　　是　　　　什么？
(This)　 (is)　　(what)?

这　　　　是　　　　_____。
(This)　 (is)　　_____.

再次,教师可采用多种活动形式来让学生操练。例如：

活动1：教师列出五张卡片,上面分别是甲骨文"火"、"门"、"牛"、"羊"、"心"。其作用在于：学生在见过上边所说的甲骨文"水"后,自然也会对这五张卡片中的文字感兴趣,并会想知道这些字到底是什么意思,由此便会激发起主动使用已学汉语"这是什么?"来向教师发问的欲望。

然后,教师告诉学生这五个甲骨文是什么意思,并写出与其相对应的楷体汉字(标上汉语拼音)。继而再带领学生读几遍,让学生掌握这五个汉字的发音,并让学生两人一组使用"这是什么?"、"这是_____"来一问一答。

活动2：教师出示出若干张图片,上面是学生知道或熟悉的地方(如长城、白宫等),并标有汉语拼音。然后,让学生用所学的"这是什么?"、"这是_____"来一问一答。

活动3：请一个学生模仿某种动物,并使用汉语"这是什么?"来向其他同学提问,让同学们猜他在模仿什么,并用"这是_____"来回答。学生不会说的词语可以用英语来代替,然后教师再告诉学生用汉语是怎么说的。

活动4：教师准备几张卡片,上面是学生已学过的"水、火、门、长城、白宫……",并采用播放录音的方式,让学生判断所听到的回答是不是其中某张卡片的词语。

例如,教师发给学生的一张卡片上是一座山,录音磁带里A问的是"这是什么?",B回答的是"这是火"。那么,学生就应该在这张卡片下面写上表示错误的"F"。然后,还要能说出正确的回答"这是山"。

由此可见,即使是极为简单、短小的对话或句型,也是可以采用多样化的讲练形式来让学生"在用中学",在运用中提高汉语口语的能力,或体验到用汉语进行交际的乐趣的。

(二)课堂教学的开展

1. 教案的设计

在开展口语课的课堂教学前,教师也需结合上述口语教学任务和方法等,全盘考虑教学目标、教学重点、教学方法,以及教学环节中的各种问题,并在教案中罗列清楚。例如:

在撰写"教学目标"时,要列清楚需要学生掌握的"功能项目"是什么(如:使学生能学会怎样表达感谢、计划、需求、建议、邀请……;怎样叙述或说明客观情况等),或要求学生掌握的"情景项目"是什么(如:使学生能学会怎样问路、点菜、坐车等),以及需要学生学习的"语言知识"是什么,(如:使学生能得体使用所学的词语,或正确运用所学的基本句等)。此外,需要训练学生的"口语技能"又是什么(如:训练学生对话的能力,或使学生能流利地进行成段表达等)。

在撰写"教学重点"时,则可针对教学目标中的内容列清楚重点的"功能项目"或"情景项目"与"语言知识"项目,以及重点训练的"口语技能"。

在撰写"教学方法"时,可列清楚所运用的具体方法是哪些。如:让学生分组问答;选两组学生作演示;让学生就某一话题展开讨论或发表意见;根据提示的重点词语或基本句复述课文大意等。

在撰写"教学环节"时,要列清楚教学的步骤怎样进行。如:首先是导入有关课文内容的话题,其次是处理生词或语法点,再次是学习课文,最后是多种形式的操练等。

2. 教案设计举例

下面,以两篇初级汉语阶段的口语课文为例,简要介绍口语课的教案设计与具体的教学方法:

例Ⅰ.《你去哪儿?》(教学对象为刚学完语音阶段的学生)

王华:昨天你去哪儿了?
李芳:昨天我去书店了。你呢?
王华:我昨天去图书馆了。明天你想去哪儿?
李芳:明天我想去动物园。
王华:我明天也想去动物园。我跟你一起去,好吗?
李芳:好的,明天我们一起去。

一、教学目标

1. 使学生在掌握本课基本句表达方式的基础上,学会怎样询问不同时间

第五章 语言技能课教学法

内某人的去向或进行的活动。

2. 训练学生能就所学的内容进行流利的问答,并能将"对话"转换为"短文"来进行表述。

二、教学重点

1. 功能项目

询问某人的去向与活动

2. 基本句项目

(1) 主语+动词+宾语+了

(2) 能愿动词"想"+动词

(3) A 跟 B 一起+动词

三、教学方法

1. 学生学习了课文后,根据板书提示的基本句,两人一组进行问答练习。

2. 学生在掌握对话内容的基础上,进行由"对话"转换为"短文"的练习。

四、教学环节

(一) 导入新课

例如:可采用学生已学过的词语询问学生常常去哪儿,或喜欢什么地方,以此来为新课的学习做铺垫。

(二) 学习新课

1. 听两遍课文录音

2. 学习生词:了、图书馆、想、动物园、跟、一起

首先,由教师领读,并对学生读得不正确的语音进行纠音正调。其次,采用不同的方法简要讲解生词:

例如,采用直观法,出示画有"图书馆"、"动物园"的图片,即可让学生知道这两个名词的意思;展示几个朋友在吃饭的图片,可以说明"一起"的意思。

又如,图片上是一个满头大汗的人和游泳池,并画有此人脑海中连接游泳池的符号等,也有助于学生理解抽象义动词"想"的意思"。

对于生词"跟",则可采用以旧释新法。如学生已学过"和",那么就可用来这个词来做近似解释。

对于句末语气助词"了"则暂不讲解,放到下边"4"中,结合"板书 1"的基本句来说明其意义和用法。

3. 教师领读两遍课文

4. 采用学生已学过的语法术语、词语或符号等,板书提示基本句的表达形式(加上例句),如可采用下列形式:

板书 1.

```
    T  ↔  S   +  V  +  P  +  了  ("↔"表示顺序可换)
   时间 ↔  主语 + 动词 + 地方 + 了
 A：昨天，  你    去   ……   了？
 B：昨天，  我    去   ……   了。
```

板书 2.

```
    T  ↔  S   +  想  +  V  +  P
   时间 ↔  主语 + 想 + 动词 + 地方
 A：明天，  你    想    去   ……？
 B：明天，  我    想    去   ……。
```

板书 3.

```
 A  跟  B  +  一起  +  V
 A  跟  B    一起  +  动词
 我  跟  他   一起    去   ……。
```

对于板书1,主要是说明句末的语气助词"了"表示事情已经发生。如果学生还没学过"表示"、"已经"、"发生"这几个词,听不懂"表示事情已经发生"是什么意思,那么可结合板书的例句,暂且采用学生已学过的词语来说明,如说成"以前有的事情"等,只要学生大概能懂就行了。

对于板书2和板书3,主要是说明"想"和"一起"在句中的位置。如板书2所要指出的是能愿动词"想"的位置是在动词前,板书3所要强调的是这个结构里的"一起"不能用在动词后。

需要强调的是:因为是口语课,所以对于上列板书中语法结构形式的说明,一定要做到简明扼要,花几分钟时间就行了。

5. 学生朗读课文

方式:学生分角色读→学生个别读

让学生朗读课文时,教师要提醒学生的是:在读询问去向的问句时,所读句子的语调要上扬。

6. 问答课文内容

教师可根据课文内容的顺序依次提问学生,如:

昨天,李芳去哪儿了?王华去哪儿了?

明天,李芳想去哪儿?王华也想去哪儿?

明天,李芳跟王华一起去哪儿?

7. 各种形式的操练

(1) 看板书1,教师询问学生昨天的去向与活动。

(2) 看板书2,教师询问学生明天的去向与活动。

(3) 看板书3,教师询问学生明天想跟谁一起去哪儿。

(4) 学生按照板书1、2、3的顺序及以上询问的方式和内容,两人一组相互问答。

(5) 将"对话"转换为"短文"(采用板书提示,写成三段):

① 昨天,李芳去书店了,王华去图书馆了。

② 明天,李芳想去动物园,王华明天也想去动物园。

③ 王华想跟李芳一起去动物园。明天,他们一起去动物园。

教师可根据学生程度的差异,让他们一段一段分别说,也可以让他们将①和②两段连接起来说,或将① ② ③这三段的内容连接起来说。

总之,教师要因人而异,以让每个学生都能在原有基础上增加一些难度,得到一点提高,使他们既不至于"知难而退",又要有"成就感"。一般可让口语能力强的先说,这样也可给口语稍差的同学做一下示范。例如:

①和②连接:昨天,李芳去书店了。她问王华昨天去哪儿了,王华说他去图书馆了。明天,李芳想去动物园。王华说,他也想去动物园。

①②③连接:李芳昨天去书店了,她问王华昨天去哪儿了,王华说他昨天去图书馆了。李芳说明天想去动物园,王华说明天也想去动物园。明天,王华跟李芳一起去动物园。

(6) 快速朗读(采用聚合本课基本句及学生已学词语的节奏韵律句):

① 昨天你去哪儿了? 昨天我去银行了。
　 明天你想去哪儿? 明天我想去商店。
② 你想跟他去哪儿? 我想跟他去公园。
　 他想跟谁去北京? 他想跟我去北京。
③ 你们一起做什么? 我们一起喝咖啡。
　 他们一起做什么? 他们一起听音乐。
④ 你跟谁一起吃饭? 我跟他一起吃饭。
　 谁跟你一起喝酒? 他跟我一起喝酒。

(三) 布置作业

要求学生参照板书1、2、3提示的基本句及以上练习的内容,写一篇说明昨天、今天、明天去向与活动的对话或短文,并在下一次口语课上说给大家听。

例Ⅱ.《饮酒风波》（教学对象为学习了一个学期的学生）

妻子：你怎么这么晚才回来？你看,现在都十一点多了。
丈夫：我跟几个朋友去喝酒了。
妻子：酒有什么好喝的？我已经跟你说了好多次了,让你别多喝酒。
丈夫：可大家都在喝,而且他们也要让我喝。你说,我能不喝吗？
妻子：但是你可以拒绝啊！难道你非喝不可吗？我看,你是有酒瘾吧。
丈夫：谁说我有酒瘾？别人都在喝,我不喝的话,大家会扫兴的。
妻子：算了,算了,不跟你说了,你爱怎么喝就怎么喝吧。
丈夫：好了,别生气。对了,你明天还要去出差,早点儿睡吧。
妻子：好吧,不说了。

一、教学目标

1. 使学生掌握本课基本句的形式与意义,以及怎样转换话题、结束交谈的话语方式。

2. 要求学生能运用本课所学的知识,在不同的交际场景中进行流利的表达。

二、教学重点

1. 功能项目
（1）表否定、必然、质问、辩解、无奈的态度
（2）转换话题、结束交谈的话语方式

2. 词汇项目
拒绝、难道、非……不可、瘾、扫兴

3. 基本句项目
（1）……有什么……的？　　　　　　　　（反问形式,表否定）
（2）……能不……吗？　　　　　　　　　（反问形式,表必然）
（3）难道……吗？　　　　　　　　　　　（反问形式,表质问）
（4）谁说……？　　　　　　　　　　　　（反问形式,表辩解）
（5）……爱怎么……就怎么……吧。　　　（表无奈或不在乎）
（6）对了,……　　　　　　　　　　　　　（转换话题）
（7）算了/好了/不跟你说了/不说了　　　　（结束话题）

三、教学方法

1. 展示本课各功能项目的基本句,并让学生在教师给出的语境中进行操练。

2. 提供特定的交际情景,让学生根据板书提示的框架分组进行会话练习。

四、教学环节

(一) 导入新课

例如：询问学生是不是有喝酒等嗜好，如果有的话，那么不这样做会感到怎么样；或丈夫爱喝酒的话，妻子会不会不高兴，如果妻子不高兴的话，会怎么说或怎么办等，以此来为新课的学习做铺垫。

(二) 学习新课

1. 听两遍课文录音
2. 学习生词：拒绝、难道、非……(不可)、瘾、扫兴

首先，由教师领读，并对学生读得不正确的语音进行纠音正调。其次，采用不同的方法简要讲解生词：

例如，采用语境释义法，通过演示不同意、不接受的动作，以及所说的话语"不"、"不行"等来解释"拒绝"。

又如，采用近义词释义法，可将"非……(不可)"解释作"一定"；将"扫兴"解释作"高兴的时候，遇到了不愉快的事，觉得不开心或没有意思"。

当然，为了便于学生理解，还可对以上几个词语稍加举例说明。例如：

"拒绝"的例句：他要送给我钱，但是我拒绝了。

"非……(不可)"的例句：爸爸不让我去旅游，可是我非去不可。

"扫兴"的例句：我们在公园玩得正高兴，突然下大雨了，真让人扫兴。

再如，对于"瘾"的解释，可以用某人很喜欢喝酒，不喝酒就觉得难受的情况来说明。同时，还可通过对"瘾"这个汉字是"病字头"的分析，以及对"酒瘾"的语素义(瘾)的解析，让学生来掌握"烟瘾、网瘾"等说法及意思。

至于"难道"这个表反问的语气副词，则暂时不做解释，放到下边"4"中，结合板书(3)的基本句来说明其意义和用法。

3. 教师领读两遍课文
4. 板书提示本课基本句项目

(1) ……有什么……的？
(2) ……能不……吗？
(3) ……难道……吗？/……难道非……不可吗？
(4) 谁说……？
(5) ……爱怎么……就怎么……吧。
(6) 对了，……
(7) 算了/好了/不跟你说了/不说了

对于以上的(1)到(5)，教师可先分别举出一例来对其形式和意义进行简

明的讲解,并在学生理解的基础上设计一些语境,让学生通过"说"来进一步掌握和运用。例如:

(1)"……有什么……的?"的例句:

A:这件衣服不错,你买一件吧。

B:这件衣服有什么好看的?我不喜欢。

教师的讲解可以是:这是反问句,表示B不同意A的说法,觉得这件衣服不好看。然后,再设计一些语境,让学生通过说来学习。如:

① A:明天,我们去公园吧。
   B:＿＿＿＿＿＿＿?＿＿＿＿＿＿＿。
② A:我们点一个麻婆豆腐,怎么样?
   B:＿＿＿＿＿＿＿?＿＿＿＿＿＿＿。

(2)"……能不……吗?"的例句:

A:昨天,你怎么去学校了?

B:昨天有考试,我能不去吗?

教师的讲解可以是:这是反问句,表示"一定要"等意思。然后,再设计一些语境,让学生通过说来学习。如:

① A:你为什么一定要做这件事呢?
   B:这是老板叫我做的,＿＿＿＿＿＿?
② A:你为什么要给儿子这么多钱呢?
   B:他明天要去旅游,＿＿＿＿＿＿?

(3)"……难道……吗?"的例句:

A:爸爸,今天我不想去上课了。

B:学生都应该去上课,你难道不应该去吗?

教师的讲解可以是:这是反问句,强调"应该"的意思。然后,再设计一些语境,让学生通过说来学习。如:

① A:他是谁?
   B:他是我们学校的老师,＿＿＿＿＿＿?
② A:王华告诉我,李芳结婚了,是吗?
   B:是的。李芳也是你的朋友,＿＿＿＿＿＿?

此外,可结合上面已说明的"非……不可",让学生理解"……难道非……不可吗?"这种说法所强调的是"认为不应该或不必"的意思。例句如:

A：爸爸,我要买一台电脑。

B：你难道非买不可吗? 如果你要用电脑,就用我的电脑吧。

在学生理解这一表达方式的基础上,教师再设计一些语境,让学生完成对话。如：

① A：我一定要去爬那座山。

　　B：那座山太危险了,你_____?

② A：我不开心是因为男朋友要跟我分手,但是我不知道他为什么不跟我好了。

　　B：你_____? 你可以再找一个更好的男朋友啊!

(4) "谁说……?" 的例句：

A：听说,你有女朋友了,是吗?

B：谁说我有女朋友了? 没有的事。

教师的讲解可以是：这是反问句,表示B认为A说的不对,有"不是这样的"等意思。然后,再设计一些语境,让学生通过说来学习。如：

① A：听说,你昨天迟到了,是吗?

　　B：_____? 我早上七点半就到教室了。

② A：你为什么不做作业?

　　B：_____? 我已经做完了。

(5) "……爱怎么……就怎么……吧" 的例句：

A：你常常不做作业,爸爸说你了吧?

B：他爱怎么说就怎么说吧,我不听他的。

教师的讲解可以是：这是表示觉得没有办法,还有不满意或不在乎的意思。然后,再设计一些语境,让学生通过说来学习。如：

① A：老公,我想再买几件衣服。

　　B：_____,但是你应该知道我们不是富人。

② A：妈妈,你让我再看一会儿电视吧。

　　B：_____,但是你不知道多看电视对眼睛不好吗?

至于以上的(6)和(7),可以先简单地说明一下它们的意思,如对于(6)的"对了",只要说明这是表示开始说别的事情就行了；对于(7),可说明这些是结束谈话的说法,并可说明常用连说两个"算了,算了"或"好了,好了",以及"不跟你说了"来表示不满或不高兴的情感态度。对于它们的操练,则留待下面板书提示的会话框架中来进行。

5. 学生朗读课文

方式:学生两人一组分角色读

在学生朗读课文的过程中,教师要特别注意他们读以上基本句时的语气、语调,因为这些都是反映说话人情感态度的。如果学生读得不正确,那么教师还要领读几遍,让他们在反复模仿中掌握。

6. 问答课文内容

教师可根据课文内容的顺序及大意,依次提问学生,如:

丈夫回家时已经是几点了?他为什么很晚才回家?

妻子听说丈夫去喝酒了,她感到高兴吗?她是怎么说的?

丈夫为什么要喝酒呢?他是怎么说明原因的?

妻子对丈夫的说明感到满意吗?她是怎么说的?

丈夫说自己有酒瘾吗?他说自己不喝酒的话,别人会感到怎么样?

妻子听了丈夫的说明后,感到生气吗?她是怎么说的?

丈夫看到妻子生气后,用什么说法不再谈自己喝酒的事情了?

7. 进行会话操练

首先,教师板书会话框架(重点是突出本课的基本句),并据此再编写一篇对话,让学生分角色朗读。

会话的框架如:

A:_____。

B:_____有什么_____的?_____。

A:_____。你说,_____能不_____吗?

B:但是你可以_____啊!你难道非_____不可吗?我看,你_____吧。

A:谁说_____?_____。

B:算了,算了,不跟你说了,你爱怎么_____就怎么_____吧。

A:好了,_____。对了,_____。

B:好吧,不说了。

对话的内容如丈夫要去买烟,妻子感到不满:

A:我去买一包烟。

B:烟有什么好吸的?吸烟对身体不好的。

A:明天王华要来我们家,他是吸烟的。你说,我能不买吗?

B:但是你也可以不买啊!你难道非买不可吗?我看,你也想吸烟吧。

A：谁说我想吸烟？我平时不吸烟的。
B：算了，算了，不跟你说了，你爱怎么做就怎么做吧。
A：好了，那我不买吧。对了，明天王华来了后，我们请他吃饭吧。
B：好吧，不说了。

其次，教师可设计多种话题，让学生根据以上会话框架，两人一组就某一话题自编一篇对话，进行会话操练。如：一个人要买一件物品，可另一个人表示反对；儿子要上网玩网络游戏，可是爸爸表示不同意，等等。

（三）布置作业

要求学生参照板书提示的会话框架写一篇对话，内容可以是以上活动中自遍的对话，或其他话题的对话，并在下一次口语课上说给大家听。

需要说明的是：

1. 虽然以上介绍的仅是初级汉语阶段口语课的教学，但其中的基本教学原则、方法和教学思路也同样适用于中高级汉语阶段的口语课教学。

当然，在中高级汉语阶段，课文的篇幅长度可能会更长，操练的形式也可能会更多或更高级，如：让学生就某一话题做演讲报告，或就某一论点组织辩论会等。但无论篇幅的长短是多少，操练的形式是何种，关键还是在于要让学生掌握所学词语适用的语言场合，或抓住基本句的表达方式，并能得体地进行使用。

2. 以上介绍的教学方法等都是在课堂环境中进行的，其实还可延伸到课外，通过组织社会调查、课外专访等活动方式，让学生在社会语言实践中操练口语，提高口语水平。

比如：去有关部门调查城市的交通现状；去房屋中介公司调查居民购房、租房的情况；去社区调查老年人的文化生活等。

又如：去中国家庭专访中国人的生活方式；去小学或中学专访学生的学习状况、兴趣爱好等。

当然，在组织这些活动前，教师应了解学生已掌握的汉语知识和技能是怎样的，是否已储备了足够的支持性信息，能否支撑起调查或专访中的话语表达。

同时，尤其需要强调的是：教师还得在确定语言教学任务与目标的基础上，指导学生做好充分的准备，如拟定采访的提纲、提问的内容、使用的语句等。否则，学生在活动中就很可能带有很大的随意性，也许看上去热闹非凡，聊了半天仍意犹未尽，但结果却是远远偏离语言教学的任务与目标，教师也可能会因无法控制局面而只好放任自流。如果是这样的话，就无法完成既定的语言教学任务，或难以达到理想的语言实践效果了。因此，相对于课堂中进行的教学来说，这些活动的开展是有较高难度的。

3. 在课型分类的角度上，口语课是一门单项技能的课程。但是，口语技能的训练也可以和其他语言技能结合起来。正如前边提到过的,在语言技能的训练中,耳、眼、口、脑协同作战,参与的器官越多,训练的效果就越好。

比如,口语和听力相结合的"听说"训练方法,口语和视听相结合的"视听说"训练方法等,都能比单纯、孤立地训练某一种技能取得更好的效果。尤其是在"视听说"相结合的训练中,视觉的支持可有助于听的理解,使听者能较易感知话语的内容,体会说话人流露的情感态度,而且听者也可以更好地模仿说话人的语音、语气、语调等。同时,还可激发学生的学习兴趣,调动学生开口说话的积极性,促进其口语水平的提高。

随着如今影像资料和多媒体技术的日臻完备,在口语课教学中(尤其是中高级阶段)采用这种训练方式是具有极大拓展空间的。①

下面,以此文中提到的电视连续剧《大上海出租车——失物招领》的开头一段为例,就此做一简要介绍:

> 事件发生的时间是在夜晚,地点是在一个宾馆门口,人物是一对华侨老夫妇和一位年轻女子。当这对老夫妇从宾馆走出来时,一位年轻女子热情地迎上去搀扶他们,并主动帮他们扬招了一辆出租汽车。对此,老夫妇自然是很感激。可是,令人没有想到的是,当他们上了车后,那位年轻女子敲了敲车窗玻璃,伸出手说"劳务费",这让他们感到很吃惊。

对于这一段内容,教学目标是培养学生对语言材料的组织能力,以及连贯表达的能力;教学要求是学生能完整、具体、生动地叙说看到的影片内容,并能做到词语运用准确,句子语法基本正确。教学方式与步骤为:

首先,播放这一段影视的内容。其次,采用图表来展示事件背景(时间、地点、人物、动作、表情、心理……)、关键台词(劳务费……);提示要思考的内容(何时、何地、何人、何事……)、适合口头成段表达的话语。再次,教师根据图表中的内容来提问学生,让学生叙述视听的内容。例如:

事件背景	关键台词	思考的内容	提示的话语
夜晚 宾馆门口 一对老华侨 一位女青年	劳务费	什么时候? 什么地方? 出现了谁? 做了什么? 表情、心情如何?	老夫妇:从……走……、宾馆 女青年:热情、走……、搀扶、主动、帮助、叫、出租车、老夫妇:上车 女青年:敲、车窗、伸、说 老夫妇:没想到、吃惊

---

① 有关这种训练方式,值得参考的是:史世庆,《谈"视、听、说"教材的编写》,载《对外汉语教学与教材研究论文集》,华语教学出版社,2001。

在教学过程中,教师也可采用切分事件情节的方法来制造一些悬念,并让学生猜测后面的结果。

比如:播放到那位女青年把老夫妇送上车时,立即将画面定格,并让学生说一说这个女青年是个怎样的人。

又如:播放到女青年敲车窗玻璃时,也采取定格的方法,让学生猜测她要做什么。待重新启动画面后,再让学生看一下结果是不是跟他们所猜想的相符。

由此可见,采用上述这种"视、听、说"相结合的方法,不仅可增强学生学习的兴趣,激发其学习中的想像力,而且对调动他们开口说的积极性也是很有效的。

当然,在采用这种方法时,教师还可设计出更多的教材处理方式,但必须紧扣关键台词、以及对话中的句法、表达方式等。

需要说明的是:由于叙述的内容是一个对视听材料重新编码的表达过程,因此在对学生叙述的要求上,应侧重于其对整体的叙述逻辑和语句的连接技巧,而不必过高要求其在表达中对内容细节原封不动的"还原"。

第五节 写作课教学法

一、教学任务

写作与口语同属于语言的表达,但写作是将语言以书面形式来输出的。此外,同口语表达相比,书面语的写作对语言的使用要求更加准确、清晰、严谨、规范,逻辑性更强。因此,通常来说,人们要获得良好的写作能力,是需要经过较长时间的学习和实践的。

从对外汉语教学的实际情况来看,不少外国学生的口头表达能力不错,有的能说一口较为流利的汉语,但书面表达能力却较差:或内容干瘪,没写几句就不知又该写什么了;或不能把要表达的内容写得条理分明,通顺晓畅;或一写就错句连篇,让人不知所云。造成这种现象的原因是多方面的,归纳起来,主要是以下几点:

一是有些学生尚未熟练地掌握汉语语言和汉字,缺乏必要的词汇、语法、文体等知识的储备,能认会写的汉字也不多。

二是有些学生使用其第一语言写作的能力就较差,更不知道怎样合理地谋篇布局,有条有理地铺排叙述。

三是对笔头表达的重视程度不够,有不少学生认为自己只要能听会说或能看懂课文内容就行了,而有些教师也仅重视听、说、读的训练,却忽视对学生写作能力的培养。

可以说,在听、说、读、写这四大类课型中,学生觉得最难的就是写作。但学生学会写作又是非常重要的,因为这不仅可操练和巩固自己已学的汉语知识,而且还可以通过教师的检查与修改来发现自己运用汉语时的不正确之处,从而提高表达的准确性和正确率。因此,要切实地全面提高学生的汉语水平,就必须重视对学生写作能力的训练。

从对外汉语写作课的教学任务来说,大致可概括为以下几点:

1. 培养学生写作各种文体的能力

在从初级到中高级的写作课教学内容中,会涉及到应用文、记叙文、说明文、论说文这些文体的写作。从不同的文体来看,其语篇的结构也有不同的特点。例如:

应用文的语篇在篇幅上通常较为简短,而且一般都有一套特定的程式,或者基本的固定格式。

记叙文的语篇多为陈述和描写,通常以人物的活动或情节发展的线索来展开,讲究时空顺序的安排。

说明文的语篇注重要点概括、分类归纳和层次排列,分门别类地对人、事、物做出罗列性的介绍或说明。

论说文的语篇较多运用判断、推理,以证明观点或得出结论,强调论点、论据、论证之间的逻辑性。

在不同的教学阶段,写作的文体及内容一般也是各有侧重的。例如:

初级汉语阶段:常用的应用文(如请假条、留言条、通知、简历、请柬、书信等,以及填写体检表、签证表等);简单的记叙文(如一次旅游的经历等)。

中级汉语阶段:较多样的应用文(如商务信函、合同、广告等);较复杂的记叙文(如叙述某起事件的发展线索,或在记叙某个人物中表达自己的情感等)。

高级汉语阶段:说明文(如说明某物的性能、特点、使用方法,阐述某国的社会制度,介绍某地的概况等);论说文(如评论某种现象,论证某个观点等)。

需要说明的是:

从目前对外汉语写作课的实际教学情况来看,不少学生即使已经学到了中级阶段或高级阶段,但连最常用的应用文或最简单的记叙文也写不好。因此,无论是在哪一个教学阶段,教师在写作教学中一定要注意观察学生的实际汉语水平,有时可能有必要降低一些难度,或对教学内容做出适当的调整。

2. 指导学生谋篇布局

写作不是对词语、句子的任意叠加和堆砌,而是应该根据表述的内容有层次、有条理地来构造的。这就需要考虑不同语体篇章结构的顺序安排,讲究起承转合等文理章法,进行合理的谋篇布局及缜密的连缀贯通。对此,教师在教学中尤需指导学生掌握以下两点:

(1)结构安排有序

写作要讲究谋篇布局,力求做到层次清晰,脉络分明,这就涉及到对篇章结构的安排。从教学实际情况来看,不少学生尚缺乏起码的写作常识,不知道如何根据主题来编排组织篇章的次序,以致于造成了在篇章结构上或前后顺序颠倒,或重复累赘等现象。同时,这也给教师对其写作内容的批改带来了很大的困难。

因此,在写作结构的规范方面,教师应注重对学生的指导。如:对于不同的文体及内容,应该先写哪些,后写哪些;什么需要详写,什么可以略写等。这样,才能使学生将写作的主题内容有条有理地表述出来,从而避免篇章结构混乱或不合理的现象。

(2) 语篇衔接连贯

从语篇的构成来说,是句子、句群和语段的组合,它们并不是各自孤立、游离的,而是相互关联、配合的。这种相互之间有机的句法衔接、语义连贯,就是写作中必须讲究的起承转合。

例如:在表述一起交通事故时,可按时间先后顺序及事件缘由结果来进行系连,并用上表时间相继的"先……,再……,接着……";表事由因果的"因为……,所以……,结果……"等词语来连贯有序地进行表达。

又如:在表述一个城市的环境状况时,可以先说感到不满的方面,再说也有觉得值得高兴或欣慰的方面,并用上表转折的"但是"、"然而";表结论的"总之"、"总体来说"等词语来承上启下地衔接过渡。此外,为了行文清楚,也可另辟一个小段,将诸如此类的词语用在下一个段落的开头。

从教学实际情况来看,不少学生在写作中尚未能做到语篇衔接连贯这一点:或没有使用必要的连接成分;或有的一段写了一半就停笔打住,显得有头无尾。

因此,在写作内容的谋篇布局上,是需要教师着力对学生加以指导的,这也有助于他们掌握和驾驭各种文体的写作。

二、教学方法

关于对外汉语写作课的课堂教学方法,在不少有关对外汉语教学的论著、论文或教材中也都有所介绍[①]。

在《对外汉语写作教学研究》一书中,介绍了六种第二语言写作教学的方法:控制法、自由写作法、语段形式法、交际法、任务法、过程法。同时,还提出要根据学习阶段、训练内容、教学对象、教学环境来选择运用这些教学方法等。

在《实用对外汉语教学法》的"写作课型的课堂教学实施"一章中,简述了各教学阶段对不同文体写作的要求,以及各种文体谋篇布局的特点,并通过大量实例介绍了各种文体写作训练的方式等[②]。

[①] 如可参考:罗青松,《对外汉语写作教学研究》,中国社会科学出版社,2002。
徐子亮、吴仁甫,《实用对外汉语教学法》,北京大学出版社,2005。
[②] 如:罗青松,《对外汉语写作教程》,华语教学出版社,1998。
乔惠芳、赵建华,《外国留学生汉语写作指导》,北京大学出版社,1995。
北京语言大学出版社出版的《汉语写作教程》系列教材。

从实际操作的层面来说,教师在写作课的教学方法上尤需注重以下几点:

1. 循序渐进

由于学生的汉语水平是不同的,因此在写作教学的内容与方法上,教师也需根据教学等级的划分,以及遵循渐进的原则,由易而难地让学生来写。

例如,汉语水平为零起点的学生是不可能写出一篇文章来的。因此,要让他们写的就只能是从一个一个最简单的句子开始。随着他们汉语水平的提高,再逐步扩展到句群、段落、篇章的写作。

对此,在陈昌来主编的《对外汉语教学概论》(复旦大学出版社,2005)中,介绍了英国专家路易·G·亚历山大提出的一种有指导性的写作教学模式。这种教学模式虽然是用于英语作为第二语言教学的,但也能给对外汉语写作教学提供一定的参考和借鉴。其中,把写作文定为六个目标:

(1) 写简单句;
(2) 写复合句;
(3) 写复杂句;
(4) 根据提纲、连接词来写;
(5) 学生记笔记,然后联结起来;
(6) 自由总结,自由作文。

从这六个目标的特点来看,都是围绕着"意思的连贯"和"语序的安排"这两个目的来延展、递进的。

例如,要达到第一个目标(写简单句),可以根据一篇课文的内容来提出一连串的问题,让学生针对提问写出一个个简单句,如课文内容是关于一个女演员的:

问:她是演员还是护士?
答:她是演员。
问:她经常演年轻姑娘的角色吗?
答:她经常演年轻姑娘的角色。
问:她演年轻姑娘时,告诉过别人她今年多少岁吗?
……

这样,学生的作文就是一段由回答组织起来的小短文。学生经过多次练习,掌握了简单句的写法后,就可进入第二个目标(写复合句)。

所谓"复合句",就是把简单句用 and, then, but, not only … but also 等连接词连接起来。方法仍然是根据课文提出问题,但要求学生用上指定的连接词(如 and, but 等),将回答的问题连接起来。这样,就写成了带复合句的短文。学生在经过反复练习后,就可以进入第三个目标(写复杂句)。

所谓"复杂句",就是以 when, since, before, after;分词结构 on seeing 或动名

词结构 after doing, after having 为开头的句子。方法依然是让学生用上诸如此类的指定词语回答问题,然后连接起来写成一篇作文。

第四个目标是给学生写作内容、提纲和连接词,要求学生把这几部分联系起来写成一段文章。

第五个目标是给学生写作的内容和其中的大问题,让学生记下笔记,并进行篇章结构的组织,然后连接起来写成文章。

亚历山大认为,经过以上这五步由控制到逐步放松控制的反复训练,就可过渡到最后阶段的写作,并达到第六个"自由总结,自由作文"的目标。也就是说,教会学生这些,也就教会了他们写作文。

应该说,这种由控制性写作转向自由性写作的训练过程是具有合理性的,并也可应用于对外汉语写作教学。

例如:在初级汉语阶段的写作教学中,要让学生写第二天去杭州游览西湖活动前的一段短文,教师可先给出相关的 5 个词语/短语:

起床、吃早饭、坐学校的车、去杭州、游览

然后,通过提问的方式让学生逐一回答,如:

明天,你们要几点起床?
你们几点吃早饭?
吃了早饭后,你们要坐什么车?
你们坐车去哪儿?
你们要游览什么地方?

最后,要求学生把以上所回答的内容连接起来,采用适当的表达方式写成一篇层次分明的短文。

随着学生汉语水平的提高,还可逐步增加词语或短语的数量。比如:可给出 10 个词语,让学生逐一回答教师的提问后写出一篇短文。又如:可给出 20 个词语,先让学生逐一造句,然后选择其中的 10 个连词成文,等等。

上述这些循序渐进的做法不仅可让学生较顺利地完成写作的任务,而且也能减少学生写作时的畏难情绪。

2. 提供框架

如前所述,写作要重视谋篇布局,讲究起承转合、语篇衔接连贯等文理章法。但从对外汉语写作教学的实际情况来看,无论在哪一个教学阶段,都有不少学生尚缺乏合理地谋篇布局的知识或能力,以致在写作中或不知道该如何落笔,或结构层次混乱。

此外,从造成这种现象的其他原因来看,在一定程度上也与教师的教学方法有关。如有些教师只是对教材范文中的内容,或学生不熟悉的生词、语法等做出讲解,却不分析和归纳范文语篇框架结构的特点(如:段落层次的安排、衔接连贯的方式等),然后就要求学生按范文的内容来写一篇作文。这样做所导致的结果就是很多学生感到无从落手,有些人甚或就干脆不写了。

因此,在各教学阶段的写作教学中,无论是哪种文体的写作,教师都最好能把写作内容的语篇框架提供给学生,让他们以此为参照来写。

例如,从现行大多数写作课教材的编排体例来看,每课或某种文体的课文都是先出范文的。在教学中,教师可按下述程序进行:

(1) 阅读范文

首先,可说明范文的文体种类,如是应用文还是记叙文等。其次,带领学生学习范文的内容。如果其中有学生不熟悉的生词、语法等,教师可稍加讲解,但必须做到有控性,千万不要像精读课那样精雕细刻地分析讲解,否则就会冲击写作课的主要任务。一般来说,只要让学生能看懂范文的基本大意就行了。

(2) 分析范文

对于范文的分析,主要涉及到其文体、内容的框架结构。如某种文体的基本格式、某种内容的段落层次序列,以及语篇各组成部分中起衔接连贯作用的词汇或语法手段等。

从实际教学情况来看,虽然教师也可采用提问、讨论等形式让学生自己来分析范文的特点,但大多数学生是做不到或做不好的,而且还会占用有限的教学时间。所以,对于范文的分析工作,主要还是应该由教师来做,并需在上课前就做好充分的准备。

(3) 拟定写作提纲

在分析范文的基础上,教师接下来要做的工作就是帮助学生列出写作提纲。如同对范文的分析,基本写作提纲的拟定与设计工作也最好由教师来做,而不要让学生在有限的课堂时间内冥思苦想,花费大量的时间来构思。

例如,学习的范文是叙述某人一次旅游经历的记叙文,其语篇总体框架结构是按照事件发展过程来安排的,顺序如下:

> 去某处的缘由→去该处的时间、方式、路径→该处的地理位置、游览的景点、游览中的感受→返回的时间与心理活动

教师可以根据对这篇范文内容与框架结构的分析,列出基本的写作提纲(包括:段落的安排、语言的使用),让学生按此来写一篇某次旅游经历的记叙文。例如,班里的学生曾在春天时去过杭州,就可参照下列提纲的段落安排来撰写:

> 第一段:去杭州的原因
> 第二段:出发的时间、乘坐的交通工具、经过的地方

第三段：杭州的地理位置、在杭州游览的景点、游览中的感受
第四段：返回的时间和心理活动

同时，教师要提供范文中出现的重点词语、句式，或句与句、段与段之间起承转合的关联方式等（如以下各段中所列的词语等是范文中出现的），要求学生在写这篇游记时能尽量用上，例如：

第一段中可用上：听说、风景、优美、但是、从来没、所以……
第二段中可用上：清晨、乘坐、从……出发去……、途经……、终于……
第三段中可用上：……位于……，东接……，西连……，是中国著名的……；
　　　　　　　　首先来到……、然后又登上……；
　　　　　　　　景色秀丽、赏心悦目、心旷神怡……
第四段中可用上：傍晚、依依不舍、踏上、归途、心里想……

列出了以上基本的写作提纲和词语、句式等，学生就知道该怎么写和写什么了。当然，教师还可询问学生想怎么写或写什么，如果学生有自己的设想或创意，那么可以跟他们讨论一下，并帮助他们思考怎样拟定写作的提纲。随后，让学生当堂确定并写好正式的写作提纲。最后，教师检查了各人制订的写作提纲后，如果认为是可以这样写的，那么就可让学生动笔写了。

应该说，采用上述这种方法，不仅可以最大限度地发挥课堂教学时间的效率，并且也能避免写作课只是教师介绍文体特点，或讲解范文内容与词汇、语法等，而学生也只是光听却不写的弊病。也可以说，在写作课上，教师的主要工作就是帮助学生拟定写作提纲。

此外，为了能让学生更好地写好这篇作文，教师还可建议学生在拟定写作提纲后做一些事情：

例如：上网或去图书馆查阅有关杭州的信息，如了解其地理位置和气候，成为名胜古迹的原因，如今的发展状况，以及相关的评价等。

又如：与同去杭州的同学一起聊聊这次旅游中的一些事件，印象深刻的景物，或相互交流感受、体会与愿望等。

上边介绍的是有范文的教学程式，如果没有范文的话，教师也最好能拟出写作的提纲，让学生据此来写。例如，让学生写一篇有关留学生活的作文。[①]

在这篇论文中，以"留学生活的苦与乐"为题目，介绍了其语篇教学程式。现择其要点（略有增删），对此做一简要介绍：

[①] 可以参考：孔庆蓓，《修辞结构理论与对外汉语语篇教学》，载《对外汉语教学习得研究》，北京大学出版社，2006。

首先,开展集体讨论活动,让学生说说留学生活中觉得"苦"和"乐"的方面有哪些,教师则将学生所说内容的要点记录下来,并帮助学生整理和归纳要点。如:

苦	乐
气候:干燥、寒冷……	夏天舒服、凉快……
饮食:油多、有味精……	食物便宜、美味很多……
住宿:条件不太好、离教室较远……	没有父母约束、行动自由……
交通:公交车少、车上拥挤……	打的便宜、附近有地铁站……
购物:营业员说方言、交流有困难……	物品丰富、可以讨价还价……
交往:没有本国朋友、感到寂寞……	可以交中国朋友、认识外国朋友……
语言:汉语不好、不能和中国人交流……	使用手势、表情……
学习:上课时间早、听不懂、作业多……	学习进步、HSK取得好成绩……

其次,要求学生根据自己的情况或感受选择写作要点,并按照一定的顺序(如重要性、时间性等)进行排列。然后,教师向学生说明,在写这篇作文时,语篇的总体结构可以分为三个段落:

  第一段:总说留学生活既有苦也有乐。
  第二段:分别具体介绍苦和乐的方面(先写"苦",再写"乐")。
  第三段:总结上文,可重复第一段的观点,也可对未来的留学生活提出希望。

再次,根据上述语篇的总体结构,列出一些相应的语篇衔接成分,供学生在写作时选择和运用,如以下一些用于篇章中的关联词语:

  表时序:最初、后来、以后
  表排列:第一、第二、第三……,此外、另外、还有……
  表列举:比如说、具体来说……
  表转折:虽然……但是、却……
  表递进:不但……而且……
  表因果:因为、所以
  表总结:总之、一句话
  ……

采用这样的方法,不仅能提高学生写作的兴趣,而且能使学生在写作时既有建筑的框架(层次的安排),又有建筑的材料(语言的运用),有利于学生根据主题来合理地组织篇章的次序,并通过对衔接成分的使用将所写的内容连贯有序地表述出来。

同样,学生当堂确定并写好正式的写作提纲后,教师须进行检查,如果认为可以这样写,那么就可让学生动笔写了。

需要说明的是:因为课堂教学时间有限,所以学生列好写作提纲后,剩下的时间很可能不足以让学生当堂完成全文的写作。若是如此的话,则可以让学生下课后回家完成。

3. 多种形式的操练

从写作练习的方法来说,可以根据学生的汉语水平,采用有控制性的写作,或无控制性的自由写作。例如:

(1) 遣词造句

如:可采用造句、完成句子的练习,让学生自由发挥,写出各种不同意思的句子;也可采用句型、句式转换的练习,让学生熟悉或巩固所学的语法结构形式。

(2) 固定格式写作

如:让学生填表,或写便条、请假条、书信、说明书等应用文时,可列出其基本的固定格式,要求学生套用或参照模仿。

(3) 连接型写作

如:可给出一个无关联词语的句子群,让学生根据句与句之间的逻辑关系,添加必要的关联词语,从而连接成一个语段。

又如:

给出的主题是某次逛街,要求学生按时间顺序,采用"先……,然后……,接着……"等词语来连接成一个句群。

给出的主题是某景点的介绍,要求学生按空间方位,采用"前边、上边、左边……"等词语来衔接和叙述。

给出的主题是去医院看病,要求学生按事理线索,采用"因为……,所以……,于是……"等来连贯表达缘由结果。

(4) 看图写作

如:可展示具有情节线索的图片或多媒体画面等,用直观的方法给学生提供写作的内容,让他们将自己的理解或想法写出来。

(5) 加工型写作

如:可给学生阅读一篇文本材料,并要求他们对该文本做出加工。如增加语句的扩写,减少语句的缩写,或对其内容进行改写等。

此外,还可以做笔译的练习,如将汉语翻译成英语,或将英语翻译成汉语等。所需翻译的可以是一个句子、一个段落,或一篇全文等。这种形式的操练,也有助于学生了解其母语与汉语在书面表达上的异同之处,并可在翻译实践中掌握汉语的表达方式。

从写作训练的内容来说,也可以是多方面的。例如:

(1) 情节性训练

如:教师规定一种情景,并提供若干与之相关的词语、句式或语句等,要求学生在写作时选用其中的一些来表述。例如:

* 购买服装:尺寸、价钱、颜色、式样、漂亮、贵、便宜
……多大?/可以……一点儿吗?
* 祝贺生日:礼物、祝贺、快乐、礼物、唱歌、蜡烛、蛋糕
向……表示……/A 跟 B 一起……
* 旅游活动:游览、名胜古迹、风景、优美
以……闻名/……的特色在于……/从……向……
* 寻医问药:舒服、头疼、感冒、检查、体温、拍片
……给……开药/……就好了

(2) 主题性训练

如:教师规定一个主题,并提供若干与之相关的词语、句式或语句等,要求学生在写作时选用其中的一些来进行表述。例如:

* 天气情况:广播、预报、晴、阴、温度、气温、热、冷
根据……/……转……
* 家庭介绍:职业、工作、地位、平等、家务、接送、忙、空闲
……得不得了/……跟……一样/只有……才……
* 交通状况:红绿灯、拥堵、事故、遵守、自行车、汽车、驾驶员、行人
乱穿……/……跟……相撞/因为……而……
* 经济情况:景气、收入、工资、发展、落后、繁荣、水平、差距
随着……/在……方面/拿……来说

以上介绍了对外汉语写作课的教学任务与基本教学方法。最后,再就作文的评讲与批改做一简要说明:

学生写好作文后,教师还需对学生的习作进行评点,或指出他们习作中普遍存在的一些问题等,方式可以是多样化的:

例如:列出学生写得好的词语、句式,或请学生朗读写得精彩的语段、全文等,以激发学生写作的兴趣。

又如:归纳并指出学生习作中带有共性的不妥之处,如篇章结构及内容选择的编排上还不够合理的地方,或语言运用中出现的词汇、语法偏误现象。

再如:师生之间或学生之间,就某篇作文的优缺点展开讨论,并做出评价,或提出修改的建议。

需要强调的是:

(1) 教师在讲评或修改学生的作文时(尤其是初学汉语者的作文),应特别重视词汇、语法,以及篇章结构安排的正确性,而不要只考虑是否能做到辞藻华丽等修辞方面的问题。通俗地说,重点应该是"对不对"的问题,而不是"好不好"的问题。原因在于:

从实际教学情况来看,无论是哪一个教学等级中的学生,其在书面表达中能够把意思说清楚,写完整,并做到文从字顺、衔接连贯就已属不易。所以,在修辞方面也许不能过高要求,而且这很可能是不现实的。

至于学生作文中出现的词汇、语法等方面的偏误,教师自然是要做出修改的,但应该有一定的容错度。如果学生的习作上满是教师用红笔做出的修订,或增删过多的内容等,那么很可能会损伤学生的自信心,甚至会使一些学生丧失写作的兴趣或积极性。一般来说,属于可改可不改的,即在可接受度范围内的,就尽量保留原貌,待今后再来逐步完善。

(2) 在评分项目与标准上,需尽量做到清晰明了,并应以篇章结构、语言运用的正确性为主,内容、标点符号的正确性为次。例如:

内容 10 分、结构 20 分、词语 30 分、语法 30 分、标点符号 10 分

这里,需要进一步说明的是:在"内容"一项中,要考虑到各国文化、价值观等方面的差异,可以允许学生在不涉及敏感的政治问题上发表各种合理的看法。

上面,介绍了对外汉语写作课的教学任务,以及一些具体的教学方法和教学思路。至于各种文体在语篇结构上的特点,以及写作训练的方法等,其实在中国中小学语文教学的写作教材,或有关汉语写作的教材中都早有详细的分析和介绍,而且也都是可供对外汉语写作课教学参考与借鉴的,因此这里就不再赘述了。

主要参考文献

陈阿宝,《对外汉语教学研究》,山西人民出版社,2002年。
陈昌来,《对外汉语教学概论》,复旦大学出版社,2005年。
程棠,《对外汉语教学目的原则方法》,华语教学出版社,2000年。
崔永华,《对外汉语教学的教学研究》,外语教学与研究出版社,2005年。
崔永华、杨寄洲,《对外汉语课堂教学技巧》,北京语言文化大学出版社,1997年。
方绪军,《对外汉语词汇教与学》,北京师范大学出版社,2008年。
高顺全,《对外汉语教学探新》,北京大学出版社,2005年。
国家对外汉语教学领导小组办公室汉语水平考试部,《汉语水平等级标准与语法等级大纲》,高等教育出版社,1996年。
国家汉语水平考试委员会办公室考试中心,《汉语水平词汇与汉字大纲》(修订本),经济科学出版社,2001年。
国家对外汉语教学领导小组办公室,《高等学校外国留学生汉语教学大纲》(长期进修),北京语言文化大学出版社,2002年。
国家对外汉语教学领导小组办公室,《高等学校外国留学生汉语教学大纲》(短期强化),北京语言文化大学出版社,2002年。
国家对外汉语教学领导小组办公室,《高等学校外国留学生汉语言专业教学大纲》,北京语言文化大学出版社,2002年。
国家对外汉语教学领导小组办公室、教育部社科司,《汉语国际教育用音节汉字词汇等级划分》(国家标准·应用解读本),北京语言大学出版社,2010年。
国家对外汉语教学领导小组办公室教学业务处,《对外汉语教学与教材研究论文集》,华语教学出版社,2001年。
黄锦章、刘炎,《对外汉语教学中的理论与方法》,北京大学出版社,2004年。
姜丽萍,《对外汉语教学论》,北京大学出版社,2008年。
蒋可心,《对外汉语教学法研究》,黑龙江教育出版社,2002年。
孔庆蓓,《修辞结构理论与对外汉语语篇教学》,载《对外汉语教学习得研究》,北京大学出版社,2006年。
李杨,《对外汉语教学课程研究》,北京语言文化大学出版社,1997年。
李大忠,《外国人学汉语语法偏误分析》,北京语言大学出版社,1996年。
刘珣,《对外汉语教育概论》,北京语言文化大学出版社,1997年。
刘珣,《对外汉语教育学引论》,北京语言大学出版社,2000年。
刘珣,《汉语作为第二语言教学简论》,北京语言大学出版社,2002年。

刘珣、田善继、冯惟钢,《对外汉语教学简论》,北京语言文化大学出版社,1998年。
卢福波,《对外汉语教学实用语法》,北京语言学院出版社,1996年。
陆效用,《美国21世纪的"5C"外语教学》,载《外语界》,2001年第5期。
罗青松,《对外汉语写作教学研究》,中国社会科学出版社,2002年。
吕必松,《对外汉语教学研究》,北京语言学院出版社,1993年。
吕必松,《吕必松自选集》,北京语言学院出版社,1994年。
齐沪扬,《对外汉语教学语法》,复旦大学出版社,2005年。
齐沪扬,《现代汉语》,商务印书馆,2007年。
齐沪扬、陈昌来,《应用语言学纲要》,复旦大学出版社,2004年。
盛炎,《语言教学原理》,重庆出版社,1990年。
史世庆,《谈"视、听、说"教材的编写》,载《对外汉语教学与教材研究论文集》,华语教学出版社,2001年。
束定芳、庄智象,《现代外语教学——理论、实践与方法》,上海外语教育出版社,1996年。
王际平,《汉语水平考试应试指导》(初、中等),上海交通大学出版社,2004年。
王建勤,《汉语作为第二语言的习得研究》,北京语言大学出版社,1997年。
王小宁、侯子玮,《HSK汉语水平考试听力题型分析与训练》(初、中等),清华大学出版社,2002年。
王钟华,《对外汉语教学初级阶段课程规范》,北京语言文化大学出版社,1999年。
吴为善、严慧仙,《跨文化交际概论》,商务印书馆,2012年。
吴颖,《轻轻松松学语法——对外汉语教学语法纲要》,北京语言大学出版社,2011年。
吴勇毅,《对外汉语教学探索》,学林出版社,2004年。
吴中伟、郭鹏,《对外汉语任务型教学法》,北京大学出版社,2009年。
徐子亮,《汉语作为外语教学的认知理论研究》,华语教学出版社,2000年。
徐子亮、吴仁甫,《实用对外汉语教学法》,北京大学出版社,2005年。
杨惠元,《汉语听力说话教学法》,北京语言学院出版社,1996年。
杨寄洲,《对外汉语教学初级阶段教学大纲》(1)、(2),北京语言文化大学出版社,1999年。
张斌,《现代汉语描写语法》,商务印书馆,2010年。
张和生,《对外汉语课堂教学技巧研究》,商务印书馆,2006年。
张惠芬,《视知觉、知识图式和快速阅读训练》,载《对外汉语教学与教材研究论文集》,华语教学出版社,2001年。
章兼中,《国外外语教学法主要流派》,华东师范大学出版社,1983年。
章兼中,《外语教育学》,浙江教育出版社,2001年。
赵金铭,《对外汉语研究的跨学科探索》,北京语言大学出版社,2003年。
赵金铭,《对外汉语教学概论》,商务印书馆,2004年。
中国对外汉语教学学会秘书处,《中国对外汉语教学学会成立十周年纪念论文选》,北京语言学院出版社,1996年。
周健,《汉语课堂教学技巧与游戏》,北京语言文化大学出版社,1997年。

周小兵,《对外汉语教学中的速读训练》,载《对外汉语教学的理论与实践》,延边大学出版社,1997年。
周小兵、李海鸥,《对外汉语教学入门》,中山大学出版社,2004年。
周小兵、朱其智,《对外汉语教学习得研究》,北京大学出版社,2006年。